MANUAL PRÁCTICO

CÓMO JUGAR MEJOR A
GOLF

MANUAL PRÁCTICO

CÓMO JUGAR MEJOR A
GOLF

STEVE NEWELL Y PAUL FOSTON

EDICIONES OMEGA

La edición original de esta obra ha sido publicada en inglés por Anness Publishing Limited, Londres, Reino Unido, con el título

ACHIEVING BETTER GOLF

Traducción y adaptación
Isabel Rivero Torra-Balari
Árbitro de golf

Editora: Joanna Lorenz
Directora: Belinda Wilkinson
Director del proyecto: Graham Smith
Fotógrafo: David Cannon
Ilustrador: Michael Shoebridge

Quedan rigurosamente prohibidas, sin la autorización escrita de los titulares del "Copyright", bajo las sanciones establecidas en las leyes, la reproducción total o parcial de esta obra por cualquier medio o procedimiento, comprendidos la reprografía y el tratamiento informático, y la distribución de ejemplares de ella mediante alquiler o préstamo públicos, así como la exportación e importación de esos ejemplares para su distribución en venta, fuera del ámbito de la Unión Europea.

© Anness Publishing Limited 1999
  y para la edición española
© Ediciones Omega, S.A., 2001
  Plató, 26 - 08006 Barcelona
  www.ediciones-omega.es

ISBN 84-282-1289-9

ÍNDICE

6 **Introducción**

    Capítulo 1
8 **El material**

    Capítulo 2
18 **Las sutilezas de la etiqueta**

    Capítulo 3
26 **El *putt***

    Capítulo 4
40 **Los fundamentos**

    Capítulo 5
50 **El arte preciso del *chip***

    Capítulo 6
64 **El *pitch* perfecto**

    Capítulo 7
76 **El *swing* entero**

    Capítulo 8
88 **El juego desde el *bunker***

    Capítulo 9
100 **Dar golpes con efecto**

    Capítulo 10
114 **Seis pecados capitales del golf**

    Capítulo 11
128 **La práctica hace al maestro**

    Capítulo 12
140 **Estrategia inteligente para resultados más bajos**

    Capítulo 13
148 **Las reglas de golf que debería saber**

158 **Índice**

160 **Agradecimientos**

INTRODUCCIÓN

El golf es probablemente uno de los juegos más fascinantes, divertidos, que más adicción crean y a la vez más frustrantes, que se puede probar. Un juego en el que puede dar un *drive* perfecto y un golpe de aproximación perfecto... y luego hacer tres *putts* estando a metro y medio del hoyo. Un juego en el que un día puede hacer la vuelta de sus sueños... y al día siguiente jugar como si estuviera en una pesadilla. Más aún: un juego que cuenta con días gloriosos donde todo sale a pedir de boca, días en los que la bola suena muy bien cuando se golpea con el punto dulce, días en los que el hoyo parece tan grande como el cubo de bolas, y cada *drive* despega como un águila. Esos son los días que hacen que los golfistas vuelvan al campo una y otra vez en busca de todas esas emociones.

Este libro puede ayudarle a acercarse más a esa satisfacción tan deseada que proporciona el golf. Tanto si es usted un principiante como un jugador con largos años de experiencia, siempre encontrará algo en este libro que le resultará útil. Si es nuevo en el juego, valorará las sencillas explicaciones sobre la técnica básica, y los puntos clave que le ayudarán a desarrollar su habilidad y destreza. Para los golfistas más experimentados, hay consejos y trucos para dar golpes con efecto, para enfrentarse a los obstáculos y para jugar estratégicamente en el campo. Y jugadores de todos los niveles pueden beneficiarse de los consejos para resolver las situaciones problemáticas, y de los ejercicios prácticos que pueden ayudarles a elevar el juego a su máximo nivel.

Es muy fácil quedarse enganchado en la droga del golf. Pero una droga sólo produce efectos a corto plazo y una euforia artificial, mientras que un buen libro de instrucción de golf ofrece efectos eufóricos a largo plazo más duraderos, que se traducen en resultados más bajos y una adicción al juego para toda la vida. Así que comprobemos cómo se desenvuelve.

Steve Newell

CAPÍTULO 1

EL MATERIAL
Las herramientas de trabajo

Escoger las herramientas de trabajo es una tarea que no hay que tomar a la ligera. Y en los tiempos que vivimos, ya puede olvidarse del viejo dicho de que no se puede culpar a las herramientas. En golf, el material que emplea puede marcar la diferencia. Por ello, dada la complejidad que supone mover la pequeña cabeza de un palo de golf varios metros a una velocidad de hasta 180 km/h con la intención de contactar con una bola aún más pequeña, es básico asegurarse de que su material de golf le favorece, en lugar de entorpecerle.

- Elegir un palo de entre una gran variedad de diseños puede resultar complicado, dado que cada novedad le promete transformar su juego. Si usted es un principiante, comprar un juego de palos de segunda mano de buena calidad y bien cuidado es a menudo una opción mejor que comprar uno nuevo de fabricación más barata. Además pídale consejo a un profesional del tema antes de invertir su dinero. La decisión final sólo podrá tomarla usted en base a lo que mejor se adapte a su complexión, a su fuerza y a su estilo de juego.

CONFABULARSE CON EL PALO

Cada palo tiene diferencias sutiles. Los hierros se numeran del 2 al 9; la cara del hierro 2 tiene un ángulo de 18° desde la vertical. Esta apertura *(loft)* aumenta 4° a medida que el hierro tiene una numeración más elevada. La longitud de la varilla también se reduce a medida que la numeración del palo aumenta, con lo que el jugador se ve obligado a hacer un plano de *swing* ligeramente más alto. Las maderas se numeran del 1 al 5, siendo la 1 (o *driver*) la que posee un *loft* entre 7 y 11°. Los palos con menor numeración envían la bola más lejos, pero no la elevan tanto como los que tienen la numeración más alta. Los palos con mayor numeración producen más *backspin* (efecto de retroceso), lo que reduce la rodadura de la bola en el aterrizaje. Las reglas permiten llevar en la bolsa hasta un máximo de 14 palos, aunque los jugadores principiantes suelen empezar con un juego más reducido compuesto por una madera 3, los hierros 3, 5, 7 y 9 y un solo *wedge*.

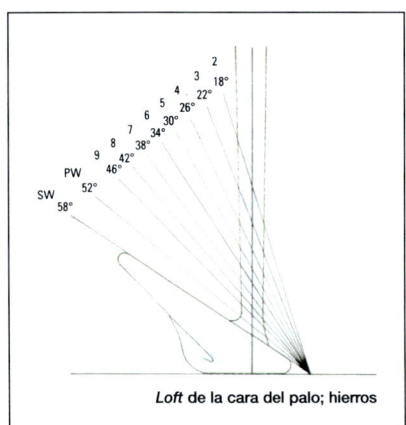

Abajo: La apertura de los hierros va desde los 18° del hierro 2 a los 58° del *sandwedge*.

Loft de la cara del palo; hierros

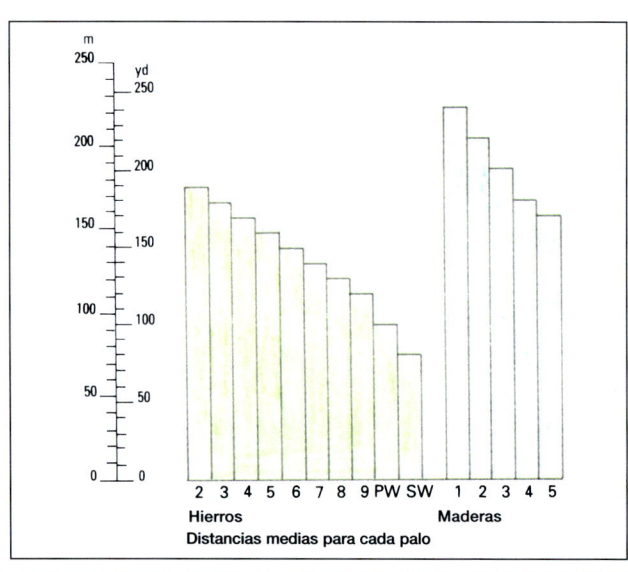

Derecha: Estas son las distancias medias que un buen jugador debería ser capaz de alcanzar con cada palo. Usted debería acudir al campo de prácticas para determinar las distancias reales que puede lograr.

Hierros · Maderas
Distancias medias para cada palo

¿Y ALGÚN PALO VIEJO?

El hierro tradicional tiene la mayoría del peso concentrado por detrás del centro de la cara del palo. Esta área central se conoce como punto dulce, y un contacto bueno y preciso produce un vuelo de bola poderoso y penetrante. La desventaja es que un ligero fallo produce un resultado muy mediocre. Se trata de un palo muy duro, pero lo emplean la gran mayoría de profesionales y de jugadores instruidos, que valoran la precisión y el control que les proporciona.

Una alternativa es el palo con el peso distribuido por la periferia, o palo con cavidad posterior, más fácil de manejar. Está diseñado para ser más permisivo, ya que con el peso distribuido alrededor de la cara del palo, aumenta el tamaño de su área de impacto. Si usted golpea la bola fuera de esta área, digamos casi con la punta del palo, el resultado no será alarmantemente diferente al efectuado con el centro del mismo. Por lo tanto, los

Arriba: El hierro tradicional tiene el peso en el centro de la cara del palo, concentrado en el "punto dulce".

Abajo: El palo con el peso en la periferia tiene su masa distribuida alrededor del borde de la cara.

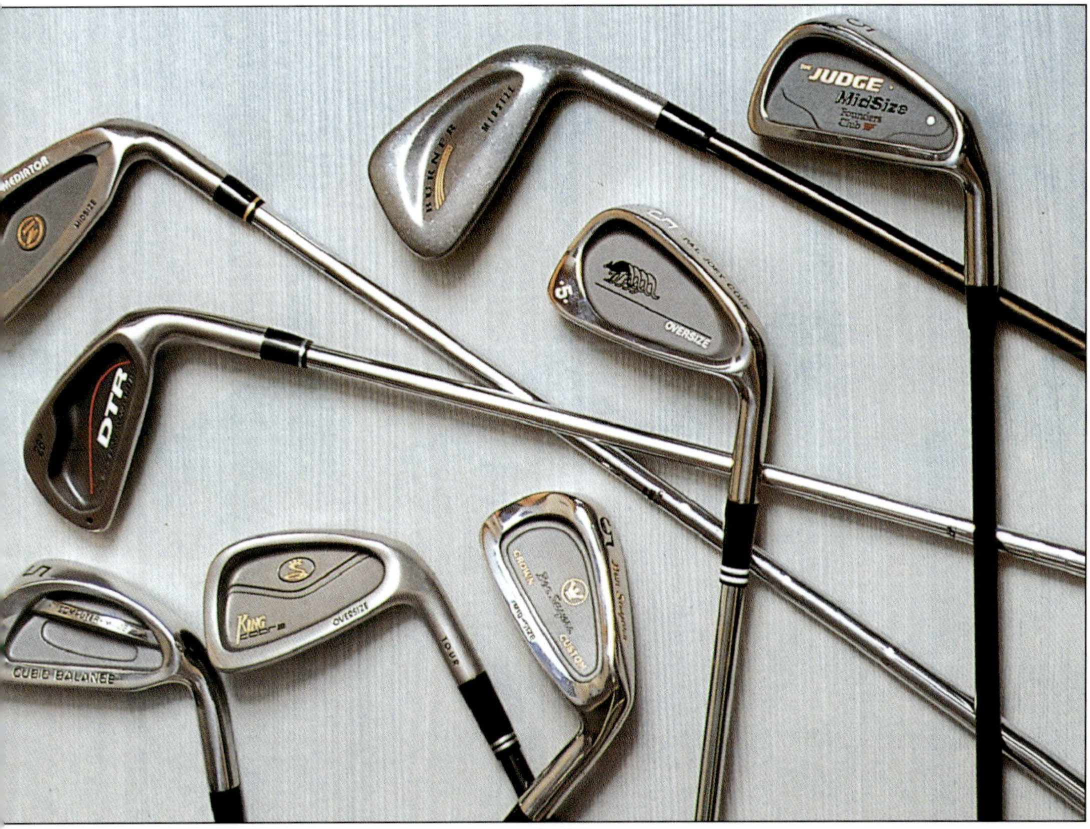

palos con el peso perimetral son los más apropiados para el principiante o para el jugador esporádico. Sin embargo, aunque muchos de los mejores jugadores del mundo empleen estos palos, no piense que está encasillado en una categoría determinada cuando se decida a elegir unos hierros.

METAL O MADERA

La madera es el palo con el que se logra más distancia, y se puede emplear tanto en el *tee* de salida como en la calle. El material original en la fabricación de estos palos es la madera, y todavía sigue siendo el favorito para muchos jugadores de gran nivel. Los que emplean un *driver* de madera hablan siempre del control y la maleabilidad que les proporciona: pueden moldear los golpes con más antelación, y prefieren el sonido y el tacto que la madera ofrece en el impacto.

Al igual que los hierros tradicionales, los palos de madera no son permisivos cuando se da un golpe inconsistente. Gracias a los avances en el material durante los últimos 20 años, se pueden ver "maderas" con una carcasa de metal muy ligero, que ahora predominan en el mundo amateur. Originalmente se modelaban como sus predecesoras de madera, pero ahora se encuentran en todo tipo de formas y tamaños. Su carcasa

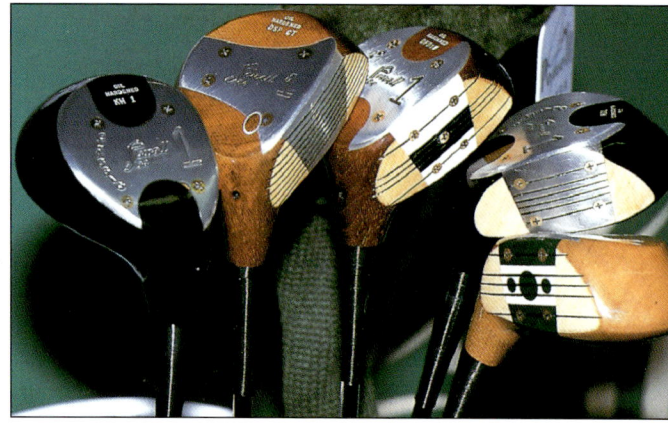

La madera proporciona al jugador habilidoso más control sobre el efecto y el vuelo de la bola.

Una amplia gama de maderas de metal muestran la variedad de estilos de sus bases, fabricadas así para mejorar su juego.

EL MATERIAL

Se dice que el grafito es el material que proporciona al diseño de la cabeza del palo el mejor resultado.

hueca permite una mejor distribución del peso a través de la superficie de la cabeza del palo, además de proporcionar casi las mismas ventajas que los hierros con el peso distribuido por la periferia. Sin embargo, muchos jugadores buenos no usan un *driver* de metal porque les resulta difícil controlar la bola y darle con efecto.

Las cabezas de grafito ofrecen aún mayores beneficios, aunque no están al alcance de cualquier bolsillo. Y como en todo lo referente al material de golf, es esencial probar y fallar antes de decidirse. Si un palo se adapta perfectamente a su confianza, ¿quién dice que no vale la pena la inversión?

LA VARILLA

La importancia de lo que tenemos entre las manos y la cabeza del palo está muy devaluada; aunque no para la gente que realmente conoce el juego. Básicamente, las varillas tienen tres tipos de flexión: blanda, regular y *stiff* (dura). En principio, cuanto mejor y más fuerte sea el jugador, más dura tendrá que ser la varilla que necesite. La mayoría de amateurs necesitan una varilla regular o blanda, y estas se encuentran disponibles en varios materiales. El acero sigue siendo la elección preferida, pero el grafito ofrece beneficios significativos, aunque a un precio más alto. Aunque más resistente pero más ligero que el acero, el grafito permite a los fabricantes concentrar más masa en la cabeza del palo, que es donde usted más lo necesita.

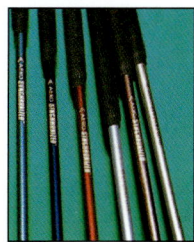

Las varillas se fabrican de acero o grafito, y pueden tener diferentes grados de flexibilidad.

Los *putters* tienen diferentes formas y tamaños. La estría de la cima de cada cabeza sirve para alinearse mejor con el punto dulce.

Algunos jugadores siguen prefiriendo el *putter* laminado, ya sea de metal o de madera.

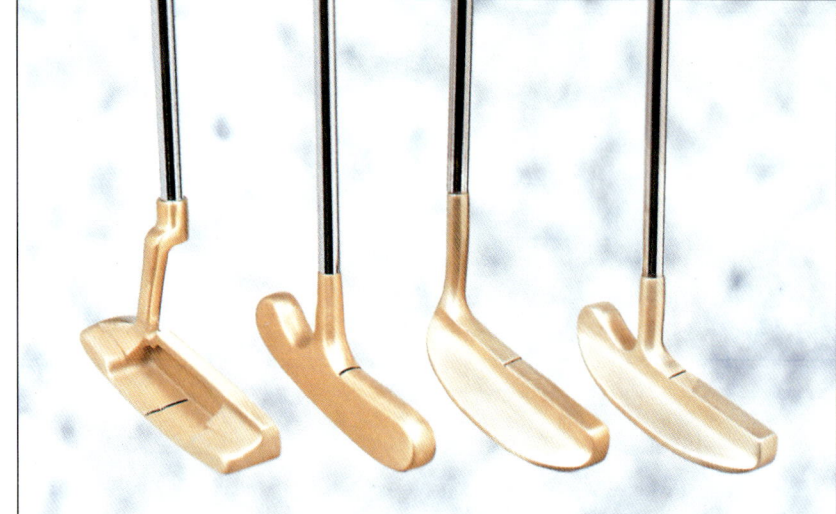

LOS *PUTTERS*: UNA ELECCIÓN PURAMENTE PERSONAL

Aunque se habla de un juego dentro del propio juego, el *putt* permite una interpretación personal más amplia que cualquier otro aspecto del golf. Por tanto, existe una gran variedad de estilos y diseños de *putters*. Lo que empezó siendo el palo más simple es ahora todo menos eso.

Más que con cualquier otro palo, la elección de un *putter* es una cuestión de prueba y error. La mayoría de los diseños modernos tienen el peso distribuido a lo largo de la cara del palo, mientras que otros tienen una pequeña pesa en la varilla justo encima de la cabeza del palo, que ayuda a sus manos a encauzar la bola. El *putt* es muchas veces un arte impredecible, y los golfistas que han empleado un determinado diseño durante muchos años se verán tentados a cambiar cuando su método les deje desamparados. Quizá el siguiente palo será el que revolucione su debut en el *green*.

ELEGIR LA BOLA APROPIADA

Los diferentes tipos de bola se adaptan a jugadores de diversas habilidades; por tanto, debería experimentar con todos los tipos, y escoger aquella que mejor se adapte a usted.

Los profesionales usan la bola de tres piezas con el núcleo de goma, un interior de goma elástica y una cubierta externa separada. Algunas tienen una cubierta de balata, que permite más efecto y control en detrimento de la distancia, y son las que emplean los

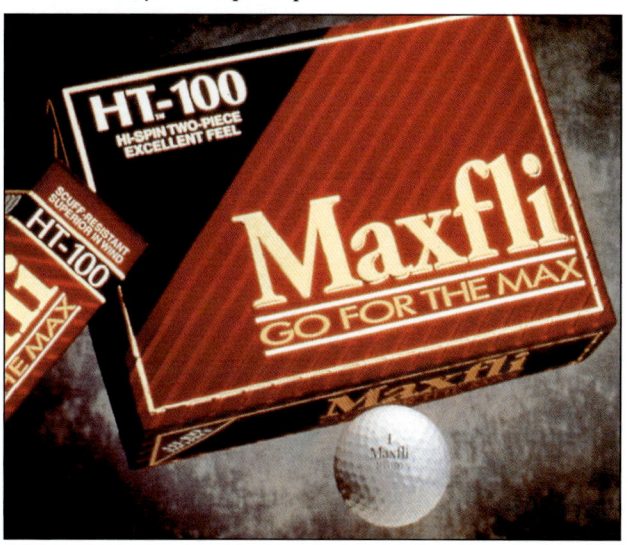

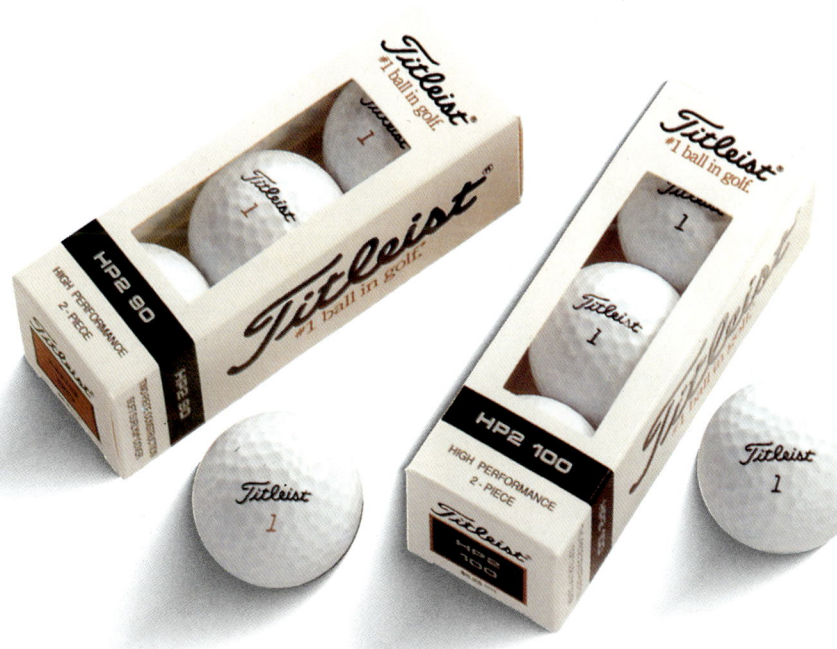

Arriba y abajo: Estas bolas de dos piezas y de alta compresión proporcionan la máxima distancia al jugador potente.

Una bolsa grande puede contener fácilmente todo el equipo y la ropa de agua, pero necesita emplear un carrito, o los servicios de un *caddie*.

Una bolsa ligera puede llevarse al hombro, y es la ideal para el buen tiempo.

jugadores de buen nivel interesados en el toque, la sensación y el control. Son caras, y se deterioran con facilidad si se falla el golpe. Otras bolas de tres piezas tienen cubierta de *surlyn*, y proporcionan un nivel razonable de control, resistencia y distancia. La mayoría se fabrican con dos niveles de compresión: 90 o 100. La 100 es ligeramente más dura, y es la que suelen emplear los jugadores más fuertes.

La bola de dos piezas tiene el núcleo de goma sólida, y una cubierta de *surlyn*. Aunque es más dura y resistente, y llega más lejos, se controla peor. Suelen emplearla los principiantes hasta que se vuelven constantes y logran controlarla.

BOLSAS PARA TODAS LAS ESTACIONES

Obviamente, el tipo de bolsa de golf que emplee no influye directamente en su forma de jugar, pero puede influir en su resultado al final del día. Antes de comprar una bolsa, meta algunos palos en ella y compruebe si la cincha le resulta cómoda. Muchas bolsas ligeras del mercado son ideales para el verano, pero la gran mayoría carecen de protector de lluvia; por ello, siempre lleve consigo una funda protectora. La bolsa del profesional del circuito está perfectamente acondicionada para la lluvia, pero obviamente es demasiado pesada para que la lleve usted. Para ello, sería esencial un carrito o un *caddie* capaz y voluntarioso.

VESTIRSE PARA LA OCASIÓN

Si considera todo lo que hay que tener en cuenta en el juego del golf, no hay que dejar de lado la importancia de un buen par de zapatos. Lo normal es que camine cinco kilómetros (¡incluso más si sus golpes de salida se salen del camino!) con subidas y bajadas, y con 15 kilos de mate

Zapatos cómodos y resistentes al agua con suela de tacos de goma: un soporte firme al *swing*.

rial sobre su espalda. No se trata de un entrenamiento militar, pero casi. Por ello, usted necesita unos zapatos cómodos, resistentes al agua, y que proporcionen la sujeción y apoyo adecuados. Los más caros son los de piel, pero no son los más apropiados para la lluvia. Algunos jugadores emplean zapatos con suelas acanaladas, pero si se toma el golf en serio, elija suelas con tacos de goma para lograr la máxima estabilidad.

Los códigos de vestimenta varían de un club a otro, aunque en los más refinados se prohíbe jugar con vaqueros, ropa deportiva y/o camisetas sin cuello. Si va a visitar un campo por primera vez, llame por teléfono a la secretaría o a la tienda del club con antelación para evitar un disgusto o una situación embarazosa.

También tiene que estar cómodo cuando el clima no sea favorable. Si usa guante, asegúrese de llevar varios de recambio en una bolsa de plástico cerrada. Aunque se esfuerce, no podrá mantener el que use seco por mucho tiempo, por lo que es importante cambiarlo por uno seco siempre que sea necesario. Los *grips* de los palos necesitan estar lo más secos posible; para ello, meta una toalla en la misma bolsa de plástico donde guarda los guantes para secarlos antes de dar el golpe. Además, cuelgue otra toalla más pequeña en las varillas del paraguas para que pueda secarse las manos o los *grips* en cualquier momento. La mayoría de las bolsas de golf tienen un agujero de drenaje en la base, por lo que conviene colocar en el fondo de la bolsa una toalla para absorber el agua que se filtre a través de la misma. Y si su bolsa tiene una funda protectora para la lluvia, sáquele partido. Por último, piense en usted, y lleve siempre ropa impermeable ligera para mantenerse caliente y seco, que le proporcione libertad para hacer el *swing*. Una gorra o una visera es útil, sobre todo si necesita proteger sus gafas de la lluvia.

Con ropa de agua ligera, paraguas, toalla y visera, el golfista está bien equipado para desafiar a los elementos.

CAPÍTULO 2

LAS SUTILEZAS DE LA ETIQUETA

La etiqueta en golf es algo más que un apretón de manos. El término abarca una serie de principios que contemplan la consideración hacia los compañeros de juego y hacia el campo. Los principiantes son los que más suelen fallar a la hora de contemplar los códigos de conducta; por ello, debería conocer una serie de reglas muy simples antes de pisar por primera vez un campo de golf. Para ayudarle, en este capítulo encontrará una escueta guía para un correcto comportamiento golfístico.

- "Cuide el campo de golf, y el campo de golf velará por usted", dice el dicho. En el mundo real, esto no siempre es verdad, pero ese no es el tema. No reparar el daño causado al campo de golf durante una vuelta es imperdonable. Si alguna vez ha experimentado la frustración que produce jugar desde una huella de zapato en un *bunker*, o desde una chuleta en la calle, probablemente tendrá fuertes calificativos para describir a aquellos que no cuidan el campo de golf como es debido.

CUIDAR EL CAMPO DE GOLF

HUELLAS EN LA ARENA

1 △ Uno de los descuidos más molestos es cuando alguien se olvida de rastrillar sus huellas y la marca del impacto en el *bunker*. Antes de salir del *bunker*, alise siempre con el rastrillo las marcas.

2 △ No salga por el talud frontal del *bunker*, y continúe el juego. Si no hay un rastrillo cerca, emplee un palo y déjelo lo mejor que pueda. Lo ideal es dejar el *bunker* en el mismo estado en el que le gustaría encontrárselo.

LAS SUTILEZAS DE LA ETIQUETA

HUELLAS EN LA CALLE

1 ◁ Es muy fácil hacer una chuleta en la calle como resultado de un *swing* de práctica o de un golpe real.

2 △ Siempre debería recoger la chuleta con cuidado y reponerla en la huella que ha creado.

3 △ Cuando la haya repuesto, písela con firmeza. En poco tiempo quedará repuesta de forma natural. Esta conducta no es necesaria en el *rough*.

● Un daño no reparado es malo para el campo; además, pequeños montículos y depresiones pueden afectar enormemente al juego en el *green*. Hacen falta muchas horas de trabajo para mantener un *green* en buenas condiciones, y sólo unos pocos segundos de desconsideración para arruinarlo.

MANTENER PERFECTO EL GREEN

REPARAR LOS PIQUES

1 ▷ Cuando una bola aterriza en *green*, generalmente deja una pequeña huella o muesca donde aterriza. Debe reparar dichos piques con un *tee* o con un arregla-piques diseñado especialmente para ello.

2 △ Luego, presione con el *putter* hacia abajo para que el daño acabe de repararse durante la noche.

3 △ Estudios de agronomía han demostrado que hacen falta 21 días para que un pique no repuesto se recupere completamente. Por ello, cuando repare su propio pique, repare también aquellos que tenga cerca. Siempre hay alguien que olvida hacerlo.

LAS SUTILEZAS DE LA ETIQUETA

MARCAS DE CLAVOS

Las marcas de los clavos en la línea de juego no pueden repararse antes de dar el golpe; por ello, no arrastre los zapatos por el *green* para no dañar la superficie.

DEPOSITAR LA BANDERA

1 △ En el *green*, deposite la bandera en el suelo con delicadeza. No la lance ni la deje caer.

2 ▽ No hace falta abusar mucho para que la superficie de un *green* muy bien preparada se deteriore.

23

• El golf es un juego social, donde generalmente juega una vuelta con otras personas en calidad de oponentes o de simples compañeros de partido. Ellos tienen derecho a jugar sin que usted les irrite o estorbe por sus descuidos. Con un poco de su parte puede hacer que los demás disfruten del golf tanto como lo disfruta usted.

CORTESÍA Y SENTIDO COMÚN

DÓNDE COLOCARSE

1 △ El golf es de por sí difícil sin distracciones; por eso, cuando alguien vaya a dar un golpe, colóquese detrás y ligeramente hacia la derecha, fuera de su campo de visión.

2 ▷ Si el jugador es zurdo, usted deberá colocarse ligeramente hacia su izquierda. Pero independientemente del sentido de su *swing*, no se coloque directamente detrás de él.

LAS SUTILEZAS DE LA ETIQUETA

3 ▷ Debe pensar al mismo tiempo en su seguridad y en la cortesía; para ello, asegúrese de que no se coloca demasiado cerca de su compañero cuando él vaya a dar el golpe.

4 ▽ Cuando esté en *green*, haga todo lo posible por no pisar la línea de *putt* de los demás jugadores.

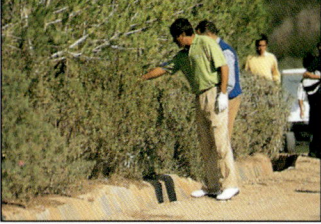

JUEGO LENTO

Uno de los grandes problemas de los clubes de golf, y que puede sacar de quicio a los demás jugadores ante un principiante, es el juego lento. Para no tener que apresurarse a la hora de dar el golpe, puede acelerar su ritmo en el campo de golf de varias maneras. Cuando su compañero está jugando, no se quede impávido. Prepare mentalmente su siguiente golpe, para poder jugarlo inmediatamente. Tras el golpe de salida, camine hacia su bola, y no hacia la bola de sus compañeros de juego. Una vez en *green*, deje su bolsa de golf en el lado más cercano al siguiente *tee*, para recogerla de camino al hoyo siguiente.

Si su bola se va al *rough*, y cree que puede tardar en encontrarla, debería dar paso al grupo de detrás. No pierda el tiempo, e indique a los jugadores que pasen. Es el proceso correcto, sobre todo en los golpes largos; además, evita retrasos y situaciones incómodas a los que están esperando en el *tee* de detrás. Y no se avergüence: incluso grandes jugadores como Seve Ballesteros pierden ocasionalmente alguna bola.

CAPÍTULO 3

EL PUTT
Un juego dentro de otro

El *putt* es casi como la religión: existen multitud de creencias pero no hay un consenso general sobre cuál es la correcta. Ben Crenshaw, ganador del Abierto Americano de 1984, es sin duda uno de los grandes jugadores de *putt* de todos los tiempos. Pero a pesar de los increíbles resultados que el golpe de Crenshaw produce, intentar explicar simplemente su método en un libro de instrucción podría abarcar parte de la historia, pero no toda.

Lo mejor que podemos hacer es ofrecer varios métodos probados, para que luego seleccione aquel con el que meta la bola en el hoyo más veces. Experimente a conciencia en el *putting-green* para determinar la técnica que mejor se adapte a usted. No se arrepentirá.

• Siempre es una buena idea seguir el método más convencional para iniciarse en cualquier deporte, y eso es absolutamente cierto en golf. Aunque el *putt* está abierto a una gran interpretación personal, siempre estará sujeto a los fundamentos. Si fuera necesario, puede crear su propio estilo, adaptando esos principios.

LOS BENEFICIOS DEL SISTEMA TRADICIONAL

3 △ El golpe es esencialmente una acción pendular controlada predominantemente por los hombros, con las manos prácticamente pasivas. Observe el triángulo imaginario que forman los brazos y los hombros en la colocación inicial.

4 △ Ahora, intente mantener esa relación triangular a lo largo de todo el golpe, desde el *backswing* hasta el final del *followthrough*.

EL PUTT

1 ▷ Si existe una forma clásica y ortodoxa de jugar el *putt* es la siguiente. Las manos se colocan en una posición neutral, con las palmas una frente a la otra, lo que se conoce como *grip* superpuesto. Esto obliga a que las manos trabajen en bloque, en vez de moverse independientemente una respecto a la otra.

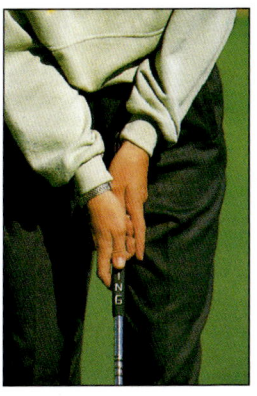

2 ◁ La postura es relajada, doblándose cómodamente de cintura con los brazos colgando de forma natural y libres de tensión. Colóquese con la bola adelantada en el *stance*, ligeramente frente a la parte interna del talón izquierdo. Sitúese con los ojos encima de la bola, y así podrá girar la cabeza para mirar a lo largo de la línea del *putt*.

5 △ Debería centrarse en subir hacia arriba y pasar la cabeza del *putter* a lo largo del impacto. Como la bola está adelantada en el *stance*, facilita ese golpe hacia arriba, y proporciona una buena rodadura. De lo contrario, golpear la bola en bajada hace que ésta salte y se despegue del suelo.

6 △ Por último, mantenga la posición del *followthrough* y no levante la vista demasiado pronto. No levante la vista del suelo hasta que la bola esté bien encaminada. Posiblemente, quedará encantado con el sonido que hace la bola cuando cae suavemente en el hoyo.

• Uno de los peores defectos en el *putt* es permitir que la muñeca izquierda se "bloquee" a lo largo del impacto. El impulso descontrolado, comúnmente conocido como *"yip"*, hace que la cara del *putter* se comporte erráticamente, lo que resulta desfavorable para sus resultados.

EL GOLPE ANTI-YIP
ABRIR LA MANO IZQUIERDA

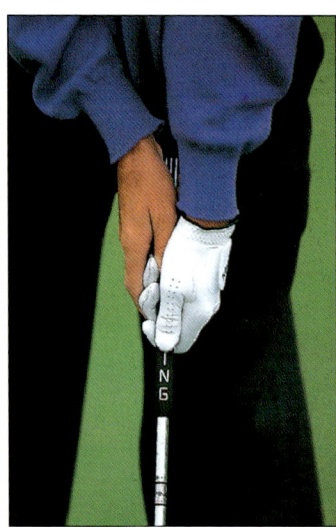

1 △ Una técnica básica anti-*yip* es coger el palo con la mano izquierda por debajo de la derecha. Esto fija la muñeca izquierda contra la varilla del *putter* y evita esa acción de muñeca indeseada en el golpe.

2 ▷ Este *grip* tiene además la ventaja añadida de bajar el hombro izquierdo, alineándolo un poco más con el derecho.

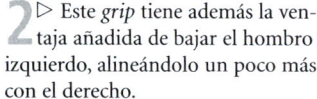

EL PUTT

3 ◁ Este golpe es muy parecido a la acción ortodoxa descrita en la página anterior.

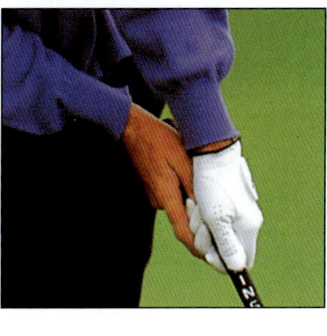

5 △ De nuevo, hay que resaltar la importancia que tiene mantener la muñeca izquierda firme a lo largo del impacto. Note la inexistencia de bloqueo en esta área. ▽

4 △ Los hombros controlan el movimiento. Simplemente hágalos oscilar hacia atrás y hacia delante para regular la fuerza necesaria en el golpe.

● Bernhard Langer inventó para él este método, que resultó ser la culminación de muchos años de frustración intentando superar los *yips*. Desde entonces, muchos golfistas profesionales y amateurs han seguido el legado de Langer. Si considera este método, tenga presente que es muy apropiado para los *putts* cortos, y que no es tan efectivo para los largos.

EL GRIP DE LANGER
MANTENER LA MUÑECA BLOQUEADA

3 △ De nuevo, la posición de bola ideal es frente a la parte interna del talón izquierdo. Asegúrese de presionar ligeramente el *grip*. Aquí, cualquier tensión destruiría toda esperanza de lograr un golpe suave y repetitivo.

4 △ Desde aquí, concéntrese simplemente en hacer oscilar los hombros hacia atrás y hacia delante. Esto debería proporcionarle toda la fuerza del golpe.

EL PUTT

1 ▷ Asuma un *stance* cómodo y coloque la cabeza del *putter* detrás de la bola. Para encarar la cara del palo, emplee sólo la mano derecha.

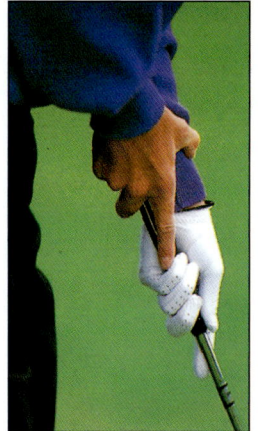

2 ◁ Incorpore la mano izquierda, sujete el palo de forma ortodoxa, y ciña los dedos de la mano derecha alrededor del antebrazo izquierdo, como si fuera a tomarse el pulso. Esto hace que la mano derecha no intervenga en el golpe.

5 △ Las manos permanecen prácticamente pasivas; consecuentemente no hay acción de muñecas.

6 △ El *putter* debería subir y pasar en línea recta, permaneciendo encarado en todo momento, sin ninguna interferencia de las manos.

● Este *putter* largo suscitó mucha controversia cuando Sam Torrance lo uso por primera vez a finales de los ochenta. Pero gradualmente se convirtió en una alternativa para el *putt*, como lo demuestra el hecho de que a algunos grandes profesionales del mundo les ha dado buenos resultados.

Aunque su apariencia resulte un poco rara, este estilo ciertamente tiene sus ventajas; además, se basa en el principio de recrear un movimiento pendular perfecto con el *putter*.

EMPLEAR EL PUTTER LARGO
EL PÉNDULO PERFECTO DE TORRANCE

El *putter* especialmente alargado de Sam Torrance le ayudó a mejorar su consistencia.

1 ◁ Coja la parte superior del palo con la mano izquierda, y fíjelo contra su barbilla o contra su pecho, dependiendo de la longitud de la varilla.

3 ▷ La ventaja de este método es que usted deja que el peso y el compás del *putter* hagan todo el trabajo por usted. Y el hecho de que la mano derecha guíe el golpe significa que no existe la posibilidad de que sus manos trabajen independientemente una de la otra.

EL PUTT

El peso y el compás del *putter* hacen todo el trabajo por usted.

2 △ Ahora, coja el palo ligeramente con la mano derecha, tal y como cogería un lápiz, y balancee la cabeza del *putter* suavemente hacia atrás y hacia delante.

4 △ Sí, verdaderamente es un método extraño, pero resultó ser maravilloso para Sam Torrance, y ¡quién sabe!, a lo mejor también le funciona a usted.

ERROR COMÚN

Una de las causas más comunes por las que se fallan los *putts* es levantar la vista demasiado pronto. Generalmente sucede por la ansiedad, particularmente cuando jugamos *putts* cortos. Uno se desespera por saber si la bola va a entrar, y tristemente, cuando se precipita raramente sucede.

LEVANTAR LA VISTA MUY PRONTO

1 ◁ La razón por la que usted falla *putts* de esta forma se basa en una reacción en cadena muy simple. Si mueve la cabeza demasiado pronto, la parte superior del cuerpo se mueve con ella, lo que arrastra la cara del palo hacia la izquierda del objetivo en el impacto. ¿El resultado? *Putts* torcidos cada vez.

REMEDIO CLÁSICO

Es conveniente saber que cambiar de rutina y acostumbrarse a la nueva lleva su tiempo. Familiarícese con esta técnica en el *putting-green* antes de intentarlo en el campo.

ESPERAR EL SONIDO FINAL

1 △ Una pequeña variación: sitúese ante un *putt* mediano y colóquese a la bola. Ahora cierre los ojos.

2 △ Con los ojos cerrados, golpee la bola hacia el hoyo.

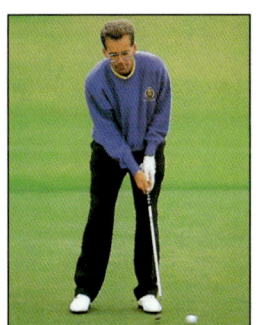

3 △ Esto evita que se preocupe mucho por el golpe y, más importante aún, le ayuda a realizar un golpe suave.

4 △ Observe el énfasis en la palabra "suavemente". Su golpe no debería impulsar la bola. El golpe perfecto se logra cuando el palo sube bajo y despacio, y suavemente se acelera en el impacto. La bola simplemente se encuentra en el camino.

Cuando se encuentre en el *putting-green*, acostúmbrese a no levantar la vista hasta que oiga el sonido de la bola entrando en el hoyo. A metro o metro y medio, oblíguese a golpear el *putt* y a oír el sonido de la bola en el hoyo. El golpe permanecerá alineado más tiempo. Y cuando al final levante la vista, verá que la bola entra en el hoyo con mucha más frecuencia.

ERROR COMÚN

Una acción suave y continua es esencial, sin importar el estilo de golpe o el *grip* que emplee. La presión por intentar que la bola entre en ese pequeño agujero puede hacer que se tense o se precipite en el golpe.

DESACELERAR DURANTE EL IMPACTO

1 ◁ La longitud del *backswing* es crucial para lograr dar buenos *putts*. El error más destructivo de todos es subir demasiado el palo.

2 ▷ Consecuentemente, tiende a desacelerar en la bajada y a golpear la bola sin apenas *followthrough*. Cuando comienza a hacer esto, ya puede olvidarse incluso de dejar la bola cerca del hoyo, y mucho menos de embocar el *putt*.

REMEDIO CLÁSICO

Sin importar lo corto que sea el *putt*, o lo rápido que esté el *green*, usted debe acelerar la cabeza del *putter* hacia la parte posterior de la bola para tener la oportunidad de embocar empleando una base consistente. Como regla general, asegúrese siempre de que la longitud del *followthrough* sea la misma que la de la subida. Luego, concéntrese en acelerar suavemente el *putter* a lo largo del impacto.

ACELERAR SUAVEMENTE DURANTE EL IMPACTO

1 ◁ Intente este ejercicio práctico. Clave dos *tees* en el suelo, cada uno a la misma distancia y a ambos lados de la bola. Cuanto más largo sea el *putt*, más espacio necesitará entre la bola y los *tees*.

2 ◁ Juegue algunos *putts*, y use los *tees* para regular la longitud del golpe.

3 ◁ Concéntrese en acelerar suavemente la cabeza del *putter* a lo largo del impacto, asegurándose de que el *backswing* tenga exactamente la misma longitud que el *followthrough*.

CAPÍTULO 4

LOS FUNDAMENTOS
Los pilares del golf

Los fundamentos son la base para tener un *swing* de golf exitoso de larga duración. Pueden parecer triviales, y a veces hasta obtusos, pero la importancia que tiene un buen *grip*, una buena colocación y una buena postura no puede ser menospreciada.

Si se diera una vuelta por los campos de prácticas de los mejores torneos del mundo, comprobaría que los mejores jugadores ponen casi toda su atención sobre los aspectos que preceden al *swing*. Todos saben que la mayoría de los errores en golf pueden deberse a una colocación inicial incorrecta. El golfista que ignora estos fundamentos, realmente le está poniendo el veto a un *swing* de golf sólido y seguro.

● El legendario Ben Hogan lo resumía a la perfección cuando decía: "Un jugador con un *grip* malo no desea tener un buen *swing* de golf."

Existen tres tipos de *grip* básicos. El superpuesto, que es el método más popular; el entrelazado, que tiende a ser el favorito de los golfistas con dedos relativamente cortos; y el de dos manos, o *grip* de béisbol, que es el ideal para los juniors o para los jugadores que tienen problemas de artritis.

COMPONER EL GRIP PERFECTO

   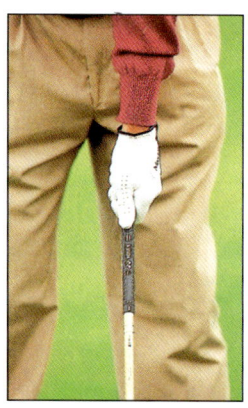

1 △ Sujete la parte superior del palo con la mano derecha. Coloque la mano izquierda hacia abajo paralela al mango.

2 △ Acerque la mano izquierda desde esa posición natural y apóyela contra el mango, de tal forma que la varilla se extienda diagonalmente hacia abajo desde la almohadilla de su palma, pasando por el nudillo medio del índice.

3 △ Ahora, cierre los dedos de la mano izquierda alrededor del palo.

4 △ El pulgar debería colocarse plano sobre el *grip*, o quizá un poco hacia el lado derecho.

Sus manos son el único contacto con el palo; por ello, es vital que el contacto sea el correcto.

LOS FUNDAMENTOS

El *grip* entrelazado · El *grip* superpuesto · El *grip* de béisbol

5 ◁ A continuación, incorpore la mano derecha desde su posición anterior, y deje el palo acostado sobre los dedos de esa mano. Intente que la palma derecha coincida con el ángulo de la cara del palo; en otras palabras, que quede encarada hacia el objetivo. El pulgar y el índice derecho deberían quedar en posición de gatillo alrededor del mango, de tal forma que casi pudiera soportar el peso del palo con esos dos dedos. Al mismo tiempo, coloque el meñique derecho de la forma que le resulte más cómoda, ya sea de forma entrelazada, superpuesta o al estilo béisbol.

● Está de más decir que no se puede hacer diana si apunta con la pistola hacia una dirección equivocada. De la misma forma, no puede dar buenos golpes de golf de manera consistente si su colocación inicial es incorrecta. Simplemente no funciona.

PREPARARSE PARA LA ACCIÓN

△ **ALINEACIÓN PARALELA PERFECTA**
Una alineación paralela es el factor clave, y se consigue de la siguiente forma. Imagínese unas vías de tren que se extiendan desde su posición hacia el objetivo. La vía exterior se extiende a lo largo de la línea de la bola con el objetivo, y es donde debería alinear la cara del palo. La vía interior se extiende a lo largo de la línea de sus pies, y acaba justo a la izquierda del objetivo. Si alinea los pies y la cara a lo largo de estas vías imaginarias, su alineación será paralelamente perfecta.

◁ **POSICIÓN DE LA BOLA**
La alineación paralela es un primer paso para dar buenos golpes de golf, pero esto es sólo una parte de la historia. También tiene que tener la bola correctamente posicionada en el *stance* para asegurarse de que la cabeza del palo la golpea con la trayectoria ideal. Por tanto, ¿cuál es la mejor posición de bola? Bueno, varía dependiendo del palo que vaya a jugar.

La cara relativamente recta del *driver* significa que usted debe barrer la bola para lograr resultados decentes. Por esta razón, debe colocarse con la bola adelantada en el *stance*, casi frente a la parte interna del talón izquierdo, para que el palo alcance la base del *swing* en el impacto.

Los hierros cortos son diferentes. Necesitan un ángulo de ataque más vertical: la cabeza del palo debe impactar a la bola en bajada para poder lograr el contacto ideal de bola-suelo. Por tanto, tiene sentido que con los hierros cortos se coloque con la bola retrasada en el *stance*, a mitad de camino entre los pies.

LOS FUNDAMENTOS

UNA POSTURA SEGURA

El término *postura* abarca los ángulos del cuerpo que usted forma en la colocación inicial. Una buena postura le proporciona un buen comienzo, y una buena forma a su *swing*. Cuando se sitúa frente a la bola, debería sentirse preparado para actuar, y listo para subir el palo. Contrariamente, si su postura es mediocre, estará haciendo del golf un juego más difícil de lo que realmente es.

2 ◁ Dóblese hacia delante desde las caderas, y deje los brazos suspendidos cómodamente hacia abajo. Flexione las rodillas y saque ligeramente hacia atrás el trasero. Debería sentir un *stance* poderoso, casi atlético. Si alguien le empujara desde atrás, o desde el lado, no debería perder el equilibrio.

3 ▽ Ahora, coja el palo (o pídale a alguien que lo sujete) sin alterar los ángulos que ha creado en la colocación inicial, y apóyelo en el suelo. Al principio, puede sentirse un poco extraño, pero ha logrado la postura perfecta para alguien de su altura y complexión. Ha dado un gran paso hacia la formación de un buen *swing* de golf.

1 △ Esta rutina le permitirá asumir siempre una postura perfecta. Colóquese con los pies en posición, erguido, y con el palo apoyado sobre un lado.

45

ERROR COMÚN

Los golfistas no ponen mucha atención al *grip*. Como no se trata de una asignatura interesante, no suele recibir el cuidado que requiere. Muchos de los golfistas que cogen mal el palo lo hacen así por ignorancia, lo que puede evitarse con unos pocos minutos de estudio. Existen dos tipos de *grip* mediocres, que hacen muy difícil que la cara del palo vuelva encarada hacia la bola en el impacto.

GRIPS DÉBILES Y FUERTES

1 ▷ Los dos *grips* mediocres son el débil y el fuerte. Su *grip* es débil si sus manos están demasiado giradas hacia la izquierda.

2 ◁ Su *grip* es fuerte si sus manos están demasiado giradas hacia la derecha. Un *grip* de mano derecha ligeramente más fuerte es aceptable, pero desde el frente, usted no debería ver más de tres nudillos.

LOS FUNDAMENTOS

REMEDIO CLÁSICO

Si sus golpes se salen del camino, no tiene que mirar necesariamente su *swing* para remediarlo. El *grip* influye en la posición de impacto; por tanto, vaya directo al origen de la causa, y compruebe la posición de las manos. Lo ideal es que ambas manos estén en una posición neutral. A continuación encontrará una forma muy simple de comprobar la posición.

V DE VICTORIA

1 △ Sitúese frente a un espejo, y coloque lentamente las manos sobre el *grip*. Primero la izquierda. Si la observa, la "V" formada por el índice y el pulgar debería apuntar a algún punto entre el ojo derecho y el hombro derecho.

2 ▷ De la misma forma, la "V" formada en la mano derecha debería apuntar hacia la misma área entre el ojo y el hombro derechos. Cualquier desviación significa que sus manos están en una posición errónea.

ERROR COMÚN

Las piernas son los cimientos del *swing*: estabilizan y soportan la acción rotatoria del cuerpo cuando se enrosca y desenrosca. Por ello, debe tener las rodillas flexionadas correctamente. De igual forma, debe crear los ángulos correctos del cuerpo antes de poder construir un buen *swing*. Al igual que con cualquier estructura, si los cimientos son defectuosos, la parte superior tiende a resquebrajarse.

EL ÁNGULO DE LAS PIERNAS Y DEL CUERPO

1 ▷ Flexionar exageradamente las rodillas es raro, pero sucede.

2 ◁ Una cosa es cierta: no hay muchos *swings* buenos desde esta posición.

1 ▷ Piernas rígidas y rectas en la colocación inicial es una imagen muy familiar.

2 ◁ Desde aquí es imposible realizar un giro poderoso en la subida.

LOS FUNDAMENTOS

REMEDIO CLÁSICO

Además de aprender a sentir el grado de flexión correcto de las rodillas, debe crear los ángulos del cuerpo apropiados en la colocación inicial. Si está inseguro respecto a su postura, realice este ejercicio simple.

SENTIR LA FLEXIÓN

1 △ Colóquese ante la bola como lo haría habitualmente, y luego sujete la varilla de un palo a lo largo de la columna vertebral. Acostúmbrese a sacar el trasero ligeramente y haga coincidir el ángulo de la columna con la línea de la varilla del palo.

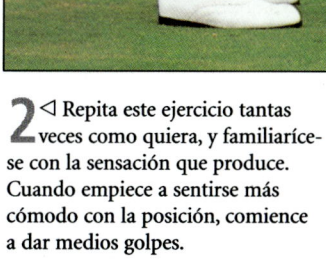

2 ◁ Repita este ejercicio tantas veces como quiera, y familiarícese con la sensación que produce. Cuando empiece a sentirse más cómodo con la posición, comience a dar medios golpes.

3 △ Ahora ha establecido una base sólida, por lo que le resultará más fácil llegar a una buena posición en la cima del *backswing*, y continuar el buen trabajo desde allí.

CAPÍTULO 5

EL ARTE PRECISO DEL CHIP

En el mundo amateur se hace mucho hincapié sobre la importancia de componer un buen *swing* de golf, pero este propósito tan valioso se lleva a cabo a expensas del juego corto. Evidentemente, esto no sucede al más alto nivel. Colin Montgomerie le dedica al juego corto probablemente el mismo tiempo de práctica que dedica al juego largo. El gran escocés sabe de sobras que muchas situaciones con las que se puede enfrentar en un torneo pondrán a prueba su habilidad con el *chip*.

Las áreas cercanas al *green* son unas zonas donde la imaginación y la versatilidad son cualidades esenciales. Pero primero necesita entender las técnicas necesarias que hay implícitas. Y luego, desarrollar la habilidad y el tacto tan necesarios en aquellos golpes tan importantes alrededor del *green*.

● Es importante que entienda y domine el golpe de chip, incluso antes de pensar en jugar cualquiera de los golpes más atractivos alrededor del *green*. Cuando lo haga, descubrirá que la misma técnica puede aplicarse a palos diferentes, y creará un gran repertorio de golpes que se adaptarán a muchas situaciones. A continuación le explicamos cómo hay que hacerlo.

EL CHIP BÁSICO
UN GOLPE VERSÁTIL

1 △ Como en todos los golpes de golf, la colocación inicial es un factor vital. Adopte un *stance* abierto con los pies casi juntos, y con el peso favoreciendo el lado izquierdo. Una frase útil para recordar es "bola retrasada, manos adelantadas y peso adelantado".

2 △ Ahora, manteniendo el peso exactamente donde está, haga un *backswing* compacto.

3 △ El quiebro de muñecas es prácticamente mínimo; sólo debe girarlas ligeramente cuando complete el *backswing*. Esto mantiene efectivamente las manos ocupadas, en una posición ideal para encauzar la cabeza del palo en la bajada.

Bola retrasada, manos adelantadas, peso adelantado.

5 ▷ De nuevo, hacemos hincapié en el hecho de que las manos deben permanecer adelantadas a la cabeza del palo incluso a lo largo del impacto. Esta técnica es muy versátil, y puede dar buenos resultados tanto con el hierro 7 como con el 9 o el *sandwedge*. Con la práctica y la experiencia aprenderá pronto a determinar cuáles son los palos que actúan mejor en determinadas situaciones.

4 △ En el impacto, debería sentir que la bola se queda comprimida entre la cara del palo y la hierba. Es esta sensación de exprimir la bola hacia el objetivo lo que ayuda a producir el *backspin* necesario. Con un palo abierto puede lograr un buen efecto de retroceso para retener la bola en el segundo o tercer bote.

• Esta es una versión útil del golpe de *chip* básico: un golpe de golf híbrido, con una parte de *chip* y una parte de *putt*. Y es más simple de lo que parece, mucho más. Es muy útil cuando tiene una distancia relativamente corta, digamos de 18 metros, con el suelo entre la bola y el *green* ligeramente ondulado.

EL PUTT-CHIP
UNA ALTERNATIVA SIMPLE

1 ◁ Coja un palo con poco *loft*, como un hierro 8 o 9, y colóquese a la bola como si fuera a jugar un *putt* largo. Sitúe el peso sobre el lado izquierdo, y colóquese con la bola frente al talón izquierdo. Y recuerde: adopte su *grip* de *putt* habitual. Esto ayuda a suavizar el impacto y le permite controlar la longitud del golpe con más precisión.

2 △ Ahora, simplemente continúe y céntrese en extender su golpe de *putt* habitual.

EL ARTE PRECISO DEL CHIP

Este es un golpe que puede facilitarle las cosas alrededor del *green*.

3 ▷ Actúe con decisión y envíe la bola hacia delante.

4 △ Observará que la bola saldrá suavemente hacia delante, baja y con mucha rodadura.

5 △ Rodará hacia el hoyo, como un *putt* largo.

● Este es un golpe que sólo puede jugar si realmente no tiene otra alternativa; la típica situación en la que hay un *bunker* entre la bola y la bandera. Si cuenta con mucho *green* por delante, entonces olvídelo: existen otros golpes más seguros y más adecuados para la ocasión.

EL GOLPE POR ALTO Y PLOMADO

1 ◁ La mejor forma de describir el golpe por alto y plomado es decir que es prácticamente el mismo que se hace cuando jugamos desde un *bunker* de alrededor de *green*. Primero, debe alinear los pies, las caderas y los hombros ligeramente hacia la izquierda del objetivo. Esto es lo que se conoce como *stance* "abierto".

2 △ Coja el *sandwedge*, y alinee la cara del palo ligeramente hacia la derecha del objetivo. Esto se conoce como palo "abierto". Colóquese con la bola adelantada en el *stance*, ligeramente frente al talón izquierdo.

EL ARTE PRECISO DEL CHIP

3 △ Centrémonos en el *swing*. Mantenga su *swing* de brazos en sintonización con la rotación del cuerpo alejándose de la bola, dejando que las muñecas se quiebren gradualmente a lo largo del *backswing*. Esto le coloca en un plano de *swing* algo más vertical de lo normal. Aunque tenga que cubrir una distancia corta, deberá hacer un *swing* relativamente largo, tanto en la subida como en el *followthrough*.

4 ◁ En la bajada, mantenga la misma aceleración suave, y deslice la cabeza del palo a través de la hierba por debajo de la bola.

5 ◁ Evite cualquier acción de muñecas cuando aparte el cuerpo a lo largo del impacto, mantenga la muñeca izquierda firme y la mano derecha por debajo de la varilla para asegurarse de que la cara del palo no se cierra.

6 ▷ Combinar una cara del palo abierta y una trayectoria de *swing* de fuera a dentro produce un golpe recto a la bandera. Si se juega correctamente, la bola saldrá alta y aterrizará sólidamente, lo apropiado cuando cuenta con muy poco *green*.

Un golpe difícil que podría tener un resultado ganador.

● El *lie* pelado sobre un suelo duro es quizá el más temido de todos ellos, simplemente porque aparentemente le da un margen de error muy pequeño. Lo cierto es que se necesita una técnica muy precisa. Pero no es tan exigente como parece.

EL CHIP DESDE SUELO DURO

1 ▷ Jugar desde un *lie* pelado requiere acentuar todas las máximas y técnicas relacionadas con el *chip* básico. La frase "bola retrasada, manos adelantadas y peso adelantado" es aún más exigente. Debe exagerar cada uno de estos tres factores un 20 % más; para ello colóquese con la bola bien retrasada en el *stance*, y con las manos y el peso favoreciendo el lado izquierdo incluso más de lo normal.

EL ARTE PRECISO DEL CHIP

Lo primero que debe saber es que el *sandwedge* es totalmente inadecuado para jugar desde un *lie* pelado. La base tan ancha del palo hace que se separe el canto del suelo justo una fracción, lo que resulta ideal para los golpes desde la arena. Sin embargo, desde un *lie* pelado, esto hace que golpee la parte superior de la bola (topazo).

Por tanto, emplee un palo que tenga el canto de la base más agudo, como el hierro 9. El canto de la base se ajusta más al suelo, lo que le permite ejecutar el golpe con más precisión.

2 △ Ahora, de lo que se trata es de hacer un *backswing* compacto quebrando las muñecas una pizca, y luego bajar suavemente la cabeza del palo hacia la parte inferior de la bola.

3 △ De nuevo, el aspecto más importante del golpe es mantener las manos adelantadas a la cabeza del palo en la bajada y a lo largo del impacto.

4 △ Si logra llevar a cabo estos factores, los *lies* pelados no deberían causarle temor.

- El buen jugador de *chip* es aquella persona que combina una técnica sólida con un toque perfectamente asimilado; en otras palabras, que tiene la habilidad de juzgar el vuelo, el bote y la rodadura. Una vez dominada con cierta precisión la técnica requerida, le resultará más fácil desarrollar su toque. Lo que está haciendo es recrear una situación real "sobre el campo". Usted sólo cuenta con una oportunidad en cada golpe durante una vuelta de golf; por ello, es bueno sentir la misma situación de presión cuando practica.

DESARROLLAR EL TACTO

EL ARTE PRECISO DEL CHIP

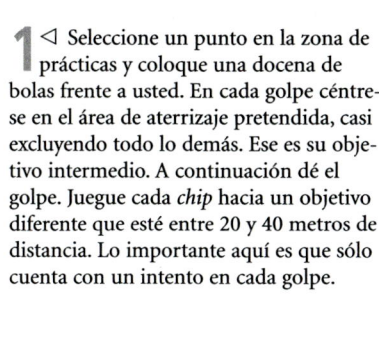

1 ◁ Seleccione un punto en la zona de prácticas y coloque una docena de bolas frente a usted. En cada golpe céntrese en el área de aterrizaje pretendida, casi excluyendo todo lo demás. Ese es su objetivo intermedio. A continuación dé el golpe. Juegue cada *chip* hacia un objetivo diferente que esté entre 20 y 40 metros de distancia. Lo importante aquí es que sólo cuenta con un intento en cada golpe.

2 △ Si no tiene un *green* de prácticas como este, puede emplear fundas de palos como objetivos. El propósito de este ejercicio es que se acostumbre a visualizar cada golpe antes de jugarlo. Seleccione un área de aterrizaje, determine la rodadura precisa que la bola requiere, y por último escoja el palo que se adapte a sus cálculos. Siéntase libre para experimentar con cualquier palo desde el hierro 7 al *sandwedge*.

La presión impuesta por uno mismo puede ser el mayor enemigo de un golfista, y aprender a superarla puede darle un enfoque totalmente distinto a su juego.

ERROR COMÚN

Como la tendencia natural con el *chip*, especialmente cuando se juega por encima de un *bunker*, es con frecuencia preocuparse demasiado por generar altura, se acaba acucharando la bola con el propósito de empujarla hacia arriba. Para algunos, el total desconocimiento de la técnica causa problemas.

ACUCHARAR LA BOLA

1 △ Con frecuencia la bola está demasiado adelantada en el *stance*. Las manos están por detrás de la bola, lo que conllevará problemas futuros. Desde esta posición inicial errática, todo irá a peor en vez de a mejor.

2 ◁ El impacto se convierte en una acción de cuchara en la que la cabeza del palo atrapa la bola en subida, moviéndola unos pocos metros del suelo.

3 △ Trágicamente, con todos sus esfuerzos por crear altura, acaba haciendo lo que quería evitar a toda costa: ¡un golpe de *bunker* antes de su siguiente *putt*!

REMEDIO CLÁSICO

Es aquí donde el viejo adagio golfístico recibe su primera entrada: "Tiene que golpear hacia abajo para crear altura". Si asimila este concepto y lo pone en práctica, su juego corto mejorará enormemente. Intente este ejercicio.

EL LOFT DEL PALO HACE EL TRABAJO

1 △ Confíe siempre en que el *loft* de la cara del palo hará el trabajo para el cual fue diseñado. Colóquese con la bola en el centro del *stance*, con las manos cómodamente adelantadas a este punto. Como referencia, su brazo izquierdo y la varilla deberían formar una línea recta hacia la bola.

2 ◁ Una vez colocado, es importante mantener esa relación a lo largo del *swing*. Las manos llevan la cara del palo hacia la bola para lograr un golpe pellizcado en bajada.

3 △ Todo esto hace que entre en juego el *loft* de la cara del palo, y se logre altura en el golpe. Pronto encontrará que aquellos *chips* blandos y embarazosos formarán parte de un pasado muy remoto.

CAPÍTULO 6

EL PITCH PERFECTO

Los golpes de *pitch* son intermedios: más largos que un *chip*, pero más cortos que un *swing* entero. Por esta razón, se suelen jugar mal. En vez de atacar la bandera, muchos jugadores no alcanzan ni el *green*.

José María Olazábal es totalmente implacable dentro de los 90 metros a *green*. No se conforma con alcanzar simplemente el *green*: siempre tira a meter cada golpe. Esta habilidad se ve reflejada en sus resultados. Y tal como Gary Player dijo una vez, el 70 % de los golpes que se dan en una vuelta de golf se juegan a menos de 60 metros de *green*. Esa es la razón principal por la que hay que desarrollar una técnica segura para el *pitch*, una de las áreas más cruciales en un recorrido de golf.

• Si logra dominar el juego corto alrededor del *green*, podrá conseguir muy buenos resultados. Pero antes de poder dejar cerca de bandera esos golpes de *pitch*, deberá dominar alguno de los fundamentos. Versatilidad, juicio y control son los requisitos esenciales que se necesitan con anterioridad para refinar su golpe de aproximación.

AFILAR SU GOLPE DE APROXIMACIÓN

UN TRÍO DE WEDGES

Es tal la variedad de situaciones con la que se puede encontrar alrededor de *green*, que es esencial tener a mano el material adecuado que le proporcione la máxima versatilidad. Recordemos de nuevo lo que decía Gary Player: el 70 % de los golpes se juegan a menos de 60 metros de *green*. Es por eso por lo que los profesionales llevan consigo tres *wedges*; saben que los emplearán con mucha frecuencia durante los 18 hoyos.

Sin embargo, por alguna razón sólo unos pocos jugadores deciden llevar tres *wedges*. Si usted no es uno de esos golfistas, ya es hora de cambiar. Existe una gran variedad de *wedges* en el mercado con un *loft* que oscila entre los 52° y los 60°. Si tiene que escoger tres –digamos uno de 52°, uno de 56° y uno de 60°–, tiene la opción de jugar una amplia gama de golpes desde diferentes distancias críticas. Por tanto, si ya tiene 14 palos en la bolsa (el máximo permitido), puede añadir un tercer *wedge* a expensas de uno de sus hierros largos, como el hierro 2 o la madera 5. No tardará mucho en darse cuenta del cambio de agudeza que experimentará su *approach*... y sus resultados.

EL PITCH PERFECTO

CONTROL TOTAL

Control, precisión y determinación sobre la distancia son las cuestiones más importantes a la hora de tirar a *green*. Por ello, es esencial que haga todo lo necesario para lograr ese control.

Coger el palo más corto es una de esas medidas. Esto reduce el espacio que hay entre las manos y la cabeza del palo, y acorta de forma efectiva el *swing* en ambas direcciones, hacia atrás y hacia delante. Esto aumenta el control y le permite hacer un *swing* seguro y positivo porque sabe que no se pasará el objetivo.

EL STANCE ABIERTO

Al igual que con otros aspectos del golf, la mayoría de los problemas con el *pitch* se deben a una colocación inicial defectuosa. Muchos jugadores cometen el error de colocarse a la bola como lo hacen para un golpe entero; en otras palabras, encarados hacia la línea del objetivo.

Si se coloca más cerca de la bola, junto con la varilla más corta de los *wedges*, su *swing* será naturalmente más vertical. Si adoptara un *stance* encarado, como lo emplearía para un golpe completo, no tendría tiempo para despejar su lado izquierdo; se entorpecería a sí mismo. Debe alinearse ligeramente hacia la izquierda de la línea del objetivo, con un *stance* abierto. Así despejará su lado izquierdo en la bajada, y al mismo tiempo llevará la cabeza del palo encarada hacia la bola.

- Este es el golpe que debería jugar cuando se encuentre entre 60 y 90 metros de *green*. Si se coloca correctamente, cuenta con la posibilidad de hacer un buen *swing*. Una buena imagen para tener en mente es hacer tres cuartos de *swing*.

EL GOLPE DE PITCH BÁSICO

1 △ Emplee los hombros y los brazos para subir el palo en conjunción con el movimiento de giro de la parte superior del cuerpo.

2 △ Todo se mueve en bloque. A veces se habla de "permanecer conectado durante el *backswing*", y es un método más consistente que el de hacer que las manos y los brazos trabajen independientemente del resto del cuerpo.

3 △ El giro del cuerpo debería controlar la longitud del *backswing*; para ello tiene que mover los brazos en armonía para mantener esa relación.

EL PITCH PERFECTO

Perfeccione esta técnica básica del *pitch* lo mejor que pueda, y luego aplíquela a otros palos.

4 △ De forma similar, en la bajada debería controlar el *swing* conjuntamente con los brazos y el cuerpo. Las manos deben permanecer casi inactivas.

5 △ Acelere la cabeza del palo a lo largo del impacto, empleando el cuerpo, no las manos.

6 △ Practique esta técnica con varios palos, como el hierro 9, el *pitching wedge* y el *sandwedge*. Esto le permitirá emplear el mismo *swing* sin hacer una manipulación consciente mientras varía la distancia a la que puede llegar la bola. Esto es jugar inteligentemente.

- Esta es una situación a la que los jugadores se enfrentan más veces de las que les gustaría: la bola hundida en el *rough*. Ciertamente, hay cosas que se pueden hacer desde la calle y no desde el *rough*, pero no hay ninguna razón para no poder dejarse un *putt* metible. Lo más importante es colocarse para crear un ángulo de ataque más vertical, y conseguir el mejor contacto posible con la bola.

EL CHIP DESDE UN ROUGH PROFUNDO

1 ◁ La clave es colocarse con la bola más retrasada en el *stance*. La cabeza del palo impactará en la bola antes de llegar a la parte más baja del arco del *swing*, minimizando la cantidad de hierba que encontrará el palo antes de llegar a la bola.

2 ▷ Separe un poco la cabeza del palo del suelo. Esto le ayudará a golpear la bola lo más limpiamente posible.

3 △ Una vez compuesto este ángulo de ataque más vertical, coja un palo menos que el que utilizaría desde la calle, y agarre el *grip* algo más abajo.

EL PITCH PERFECTO

4 ▷ Efectúe un *backswing* compacto, de tres cuartos.

5 △ Asegúrese de pellizcar la bola por detrás mientras el palo baja.

6 △ No espere conseguir hacer *backspin* desde el *rough* –es sencillamente imposible–, por lo que debe calcular una rodadura de la bola mayor que si jugara desde la calle.

● Si su *swing* o su estrategia son vulnerables, entonces el viento tiene la mala costumbre de mostrar dichas debilidades. Muchos jugadores intentan golpear la bola más duramente, pero eso produce más efecto y más altura en la bola, y ambas cosas son exageradas aún más por el viento. Cuando el viento sopla con fuerza, la clave para mantener bajo el resultado es mantener la bola baja.

EL VIENTO BROMISTA

1 △ Primero considere si se está enfrentando a un viento de uno, dos o tres palos de diferencia. Seleccione el palo en función de ello, y agarre el *grip* tres o cuatro centímetros más corto. Calcular la fuerza del viento y el efecto que provoca en la bola, es algo que solamente podrá aprender con la práctica. Coloque la bola centrada en el *stance*, con las manos adelantadas respecto a la cabeza del palo, lo cual es óptimo para conseguir una trayectoria baja de la bola. Sitúe el peso ligeramente en la parte izquierda, con una proporción ideal del 60 por ciento. Y recuerde que sus pies deberían estar alineados a la izquierda del objetivo.

2 △ Ahora, efectúe un *backswing* compacto, de tres cuartos, con un quiebro de muñecas inferior al que aplicaría habitualmente.

3 △ Debería mantener un *swing* redondo, con los brazos y el cuerpo en conjunción. Asimismo, no transfiera el peso tanto como lo haría en un golpe entero. Manténgalo centrado sobre la bola.

Colóquese con la bola centrada en el stance*, con las manos adelantadas respecto a la cabeza del palo.*

EL PITCH PERFECTO

4 ◁ Ahora, desde la posición de tres cuartos, cerciórese de que sus manos dirigen la bajada del palo hacia la bola. Efectúe un movimiento de rotación con la parte superior del cuerpo, intentando mantener la cabeza del palo en una trayectoria baja durante el impacto, para lograr un *finish* equilibrado.

5 ▽ Compruebe que el *followthrough* es igual de largo que el *backswing* –esta es una buena idea para visualizar–. Y recuerde, con el viento haga un *swing* más fácil. Cuanto más fuerce el golpe, más efecto y altura imprimirá a la bola.

• El principal problema que tienen los jugadores con los golpes de *pitch* es juzgar y controlar la distancia del golpe. Un error habitual es efectuar la misma longitud de *backswing* en todos los golpes de *pitch*, e intentar controlar la distancia variando la velocidad en la bajada del palo. Esta es una forma extremadamente delicada de controlar la distancia, y puede producir golpes inconsistentes. Lo que hay que comprender es que la longitud del *backswing* debería estar directamente relacionada con la distancia del vuelo de la bola.

UTILIZAR "CUATRO MARCHAS" EN EL PITCH

1 ◁ La mejor forma de visualizar esto es imaginar que el *swing* tiene cuatro "marchas". La primera es la del *chip* corto.

2 ◁ Por contra, la cuarta marcha está relacionada con un *swing* entero.

Entre ambas, están la segunda y la tercera marchas, utilizadas en el *chip*. Vaya al campo de prácticas con esta idea. Lo que este ejercicio pretende es proporcionarle una sensación de cómo la longitud del *swing* se relaciona con la distancia que la bola alcanza. Puede aplicar este ejercicio a otros palos, por ejemplo para tener dos distancias de *pitch* con el hierro 9.

EL PITCH PERFECTO

1 ▷ Efectúe 10 medios golpes con el *wedge*. Esta es la segunda marcha.

2 ◁ Asegúrese de que el *followthrough* es igual de largo que el *backswing*. Anote la distancia media que alcanzan sus golpes.

3 ▷ Ahora efectúe 10 golpes de tres cuartos. Esta es la tercera marcha. De nuevo, observe la distancia de vuelo de dichos golpes.

4 ◁ Practique este ejercicio tanto como pueda, hasta que su segunda y tercera marchas alcancen un nivel de consistencia aceptable. La próxima vez que se encuentre con un golpe de, digamos, 70 metros a bandera, podrá decirse: "Bien, esto es un golpe de tercera marcha con mi *sandwedge*". Está eliminando el trabajo de adivinar el palo, y sustituyéndolo por pensamientos positivos y constructivos.

CAPÍTULO 7

EL SWING ENTERO

El profesional norteamericano Tom Purtzer está considerado por sus compañeros de juego como la persona que tiene el mejor *swing* de golf del mundo. Antes de soñar con tener algo parecido a un *swing* de golf clásico, debe prestar atención a las claves del *swing*. Si acude a un torneo profesional se podrá dar perfecta cuenta de que el estilo que se predica en los libros de texto no es absolutamente necesario, y que existen muchas formas diferentes de mover un palo de *golf*. Pero sea cual sea la técnica que empleen, todos los buenos jugadores tienen una cosa en común: la habilidad de llevar correctamente y de forma constante el palo hacia la bola. Si usted consigue hacer eso, la estética pasa a segundo plano.

• Todos los buenos jugadores tienen una rutina constante anterior al golpe, una serie de movimientos que les ayuda a asumir la colocación y la postura inicial correcta. Si necesita convencerse de la importancia de la colocación inicial, estudie a los profesionales y observe lo meticulosos que son en esta área. Todos son conscientes de que aunque la pistola dispare bien, debe apuntar hacia la dirección correcta para dar en el blanco. Es esencial que usted también desarrolle su propia rutina, basada en los siguientes principios.

EL VALOR DE LA RUTINA ANTERIOR AL GOLPE

1 △ Primero, colóquese detrás de la bola y visualice el golpe exacto que quiere dar. Esto le ayuda a centrar su mente en la tarea que tiene entre manos, mientras fija la línea del objetivo en su mente.

2 ◁ A continuación, encare la cara del palo hacia la línea del objetivo, empleando un objetivo intermedio justo frente a usted, como la huella de una vieja chuleta o un trozo de hierba. Es más fácil apuntar con la cara del palo hacia un objetivo más cercano que hacia un objeto que está a 190 metros de distancia.

EL SWING ENTERO

3 ◁ Afiance sus manos cómodamente al *grip*, y luego construya el *stance* en torno a la cara del palo. Recuerde los consejos para lograr una buena postura que se recogen en el capítulo 4, y mantenga las rodillas flexionadas mientras se dobla de caderas. Intente que todo esté encarado respecto al canto de la base de la cabeza del palo; en otras palabras, intente una alineación paralela. Recuerde, la alineación del cuerpo determina la trayectoria a lo largo de la cual se moverá la cabeza del palo, lo crucial para un buen golpe.

4 △ Una vez colocado, haga oscilar la cabeza del palo hacia atrás y hacia delante un par de veces para liberar la tensión de las manos, de los brazos y de los hombros. Esta relajación proporciona fluidez en el movimiento. Como su postura también es buena, ahora está en disposición para subir el palo correctamente.

• El *swing* es a gran escala una reacción en cadena. Un buen movimiento generalmente conduce a otro. Sin embargo, un error viene seguido generalmente por otro error. Por ese motivo, el primer movimiento de arranque es crucial: determina el modelo de su *swing*.

EL BACKSWING
EL PRIMER ESLABÓN DE LA CADENA

2 ◁ Este movimiento se llama en la jerga golfística una subida en bloque, y es sin duda el método más seguro. La cabeza del palo sube muy cerca del suelo, arqueándose por dentro de la línea del objetivo mientras el cuerpo gira y se extiende el brazo izquierdo.

1 △ Desde una colocación inicial sólida, su propósito principal debería ser subir el palo suavemente, con los brazos y el cuerpo trabajando en armonía.

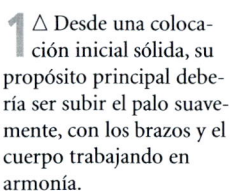

3 ◁ De forma natural, las muñecas deberían quebrarse en armonía con el movimiento de la cabeza del palo. Tenga presente que cuando los brazos se mueven, el cuerpo gira. Cada componente trabaja al unísono; los brazos no deberían trabajar nunca de forma independiente al resto del cuerpo.

4 ▷ Cuando llega a la cima del *backswing*, el palo debería seguir en línea, paralelo al objetivo.

EL SWING ENTERO

5 △ Existen dos posibles errores en la alineación del palo que a veces se producen en la cima del *swing*. El primero puede acabar con una posición desviada, en la que el palo apunta hacia la izquierda del objetivo.

6 △ La contraria sería cuando el palo cruza la línea, o apunta hacia la derecha del objetivo. Ambas posiciones son un indicativo de que se ha iniciado la subida incorrectamente. Como resultado de ello, probablemente bajará la cabeza del palo incorrectamente, causando un golpe desviado.

- La bajada es una reacción, no una acción. Todo lo que sucede depende de lo que ha ocurrido antes; por ello, el *grip*, la postura, la alineación y el *backswing* son muy importantes. Cada eslabón de la cadena que realice correctamente aumenta las posibilidades de que todo esté correcto en el momento del impacto. Recuerde que las imágenes de la bajada que ve aquí son posiciones dentro de un movimiento continuo. Usted hace el *swing* **a través** de esas posiciones, no **hacia** ellas.

LA BAJADA
CÓMO SE ARTICULA

1 ◁ La transición desde la cima del *backswing* al inicio de la bajada es crítica. Intente sentir que inicia la bajada con un ligero movimiento de la rodilla izquierda hacia el objetivo, junto con un cambio de peso gradual hacia el pie izquierdo. Según la jerga moderna, esto se llama "separación de las piernas".

2 △ Lo singular de este movimiento es que inicia el desgiro de las caderas y del torso, lo que hace que automáticamente las manos y los brazos se ajusten en la posición ideal para atacar la bola desde dentro.

EL SWING ENTERO

3 △ Ahora, sigue la ruta que le llevará a golpear la bola con la cabeza del palo encarada. ¡Bang!

4 △ A lo largo del impacto, las manos y los brazos se encaminan libremente hacia arriba, pasando a la posición perfecta del *followthrough*, el distintivo de un buen jugador.

5 ◁ En este momento, ya es muy tarde para influir en el resultado del golpe. Pero es una buena idea imaginarse a uno mismo acabando con una posición bien equilibrada. Esto proporciona una acción controlada y pausada, y elimina cualquier tendencia a hacer un *swing* demasiado forzado.

EL PLANO DEL SWING Y EL COMPÁS

• La forma de su *swing* viene determinada por la combinación de su peso, su complexión y la longitud de sus brazos. Si coordina correctamente el movimiento de giro de la parte superior del cuerpo con el movimiento de los brazos, el plano del *swing* saldrá solo.

Lo rápido o lo lento que mueva el palo depende enteramente de la persona. Lanny Wadkins hace un *swing* vigoroso, pero lo importante es que su ritmo permanece constante desde el principio hasta el final. Por otro lado, Ben Crenshaw hace el *swing* relativamente lento. Una de las cosas que diferencian a un profesional del cicuito de un amateur es la habilidad de mantener un ritmo constante. Rápido o despacio es irrelevante: lo que importa es el compás.

Además, debe averiguar su grado de celeridad con el que mover el palo; el compás que le permite controlar sus movimientos.

Arriba: Brett Ogle tiende a adoptar una posición vertical.
Izquierda: Ian Woosnam es conocido por tener un *swing* relativamente plano y redondo.

EL SWING ENTERO

Una de las cosas que separan a los profesionales de los amateurs es la habilidad de mantener un ritmo constante.

1 ◁ Evidentemente, lo lejos que se coloca de la bola afecta al plano de su *swing*. Un palo largo, como el *driver*, le hará colocarse más alejado de la bola.

2 ◁ Esto hace que tenga un plano de *swing* más horizontal.

1 ◁ Por otro lado, el hierro 9 tiene la varilla más corta, lo que le obliga a colocarse más cerca de la bola.

2 ◁ Desde esa posición, su *swing* se volverá automáticamente más vertical.

• Ser un gran pegador es producto de una buena técnica; es la recompensa, por así decirlo, por haber prestado atención a los fundamentos del *swing*. El legendario profesor John Jacobs solía decir: "La distancia se logra por la velocidad del palo correctamente aplicada." Este ejercicio puede ayudarle a acentuar alguno de los factores clave que hacen que la bola llegue más lejos.

LOGRAR LA MÁXIMA DISTANCIA

1 ◁ Uno de los errores más comunes que causan la pérdida de distancia es golpear la bola con demasiada verticalidad.

2 ▽ Para evitarlo, practique dando *drives* con el *tee* más alto de lo normal. Colóquese empleando su rutina habitual.

3 △ Asegúrese de que mantiene la cabeza del palo suspendida sobre el suelo. Si golpeara con demasiada verticalidad a una bola situada sobre un *tee* a esta altura, fallaría.

EL SWING ENTERO

4 ◁ La altura extra le obliga a subir la cabeza del palo con un arco más agudo, lo que le permite hacer un *swing* más redondo y menos vertical.

5 ◁ Este ejercicio, además de ayudarle a girar en el *backswing*, le impide bajar con demasiada verticalidad, permitiéndole barrer la bola hacia delante.

6 △ Practique este ejercicio y golpeará la bola más sólidamente, haciendo realidad su deseo de enviar la bola más lejos.

CAPÍTULO 8

EL JUEGO DESDE EL BUNKER

Bobby Jones dijo una vez que la diferencia entre un *bunker* y un obstáculo de agua es la misma que hay entre un choque con un coche y un choque con un avión. Con el coche, tiene al menos la posibilidad de recuperarse. Ernie Els, al igual que muchos otros grandes golfistas, generalmente se beneficia de esta oportunidad de recuperación.

Tristemente, la mayoría de los amateurs ven esto de forma diferente. El golpe de *bunker* sigue siendo algo muy despreciado, y para algunos la recuperación es una misión imposible. Eso es algo que tiene que cambiar. Un juego malo de *bunker* puede repercutir negativamente en el resto de su juego. Sin embargo, si domina la técnica correcta, puede eliminar la fobia a la arena y lograr resultados más profesionales. Aunque ahora le parezca mentira.

- Una de las claves para convertirse en un mejor jugador desde el *bunker* es comprender que el rebote que hace la base especialmente diseñada del *sand-wedge* actúa mejor cuando la cara del palo está abierta, por ejemplo alineada hacia la derecha del objetivo. Por ello, la colocación inicial es crucial.

DOMINAR EL GOLPE CON EXPLOSIÓN BÁSICO

1 △ Debe abrir su *stance* alineando el cuerpo, concretamente las caderas, los hombros y los pies, hacia la izquierda del objetivo. Afiance los pies en la arena para tener más estabilidad, y adopte un *stance* más amplio de lo normal; intente sentirse asentado sobre la bola. Ahora sujete el palo, pero asegúrese de que la cara del mismo esté abierta en relación al *stance*, y que apunta un poco hacia la derecha del objetivo.

2 △ Ahora, suba el palo siguiendo la línea de sus pies, manteniendo la alineación abierta de la cara del palo.

3 △ Mientras el palo sube, quiebre las muñecas para colocarlo en un plano ligeramente más vertical. Debe asegurarse de que la cara del palo permanece abierta a lo largo del impacto. Si permite que la cara se cierre, la bola saldrá hacia la izquierda y volará muy lejos.

EL JUEGO DESDE EL BUNKER

5 ◁ Una cara del palo abierta junto con una trayectoria de *swing* de fuera a dentro hace que la bola salga alta y recta hacia la bandera. Esto es lo que hay que hacer para dar un buen golpe desde el *bunker* (con la seguridad de cruzar la cabeza del palo por la arena con el ángulo correcto en la bajada, confiando en que el diseño del palo hará el resto por usted).

6 ◁ Una referencia útil con respecto a la longitud y la fuerza del *swing*: imagine que juega un golpe desde la calle dos veces más largo que aquel al que se enfrenta en el *bunker*. Por lo tanto, para una sacada de *bunker* de 10 metros, necesita la fuerza de un *pitch* de 20 metros. Esto compensa el efecto almohada de la arena en el impacto.

4 △ En la bajada, debe acelerar suavemente la cabeza del palo a través de la arena por debajo de la bola. Esto crea el efecto de explosión, aunque no necesita sacar mucha arena.

• Esta es una situación en la que puede olvidarse del golpe de *bunker* normal del que hablan los libros de golf. Jugar con la bola empotrada o hundida exige cambios en cuanto al palo, en la colocación y en el *swing*.

HACER EXPLOSIÓN DESDE UN LIE HUNDIDO

1 △ Cuando la bola está hundida, debería emplear el *pitching wedge* en vez del *sandwedge*. El diseño del *sandwedge* hace que la cabeza del palo se deslice por la arena, que en este caso no es lo ideal. Aquí necesita que la cabeza del palo excave la arena por debajo de la bola, y el canto relativamente afilado del *pitching wedge* es el más apropiado para este trabajo.

2 △ Aquí ni abra la cara del palo en la colocación inicial, ni abra el *stance*. Simplemente colóquese encarado al objetivo, con la cara del palo encarada, y con la bola retrasada en el *stance*, hacia el pie derecho.

3 △ Con todos los elementos de una buena colocación en su lugar, sólo le queda ser agresivo con el golpe. En el *backswing*, suba la cabeza del palo un poco más vertical de lo que lo haría en un golpe de *bunker* normal.

EL JUEGO DESDE EL BUNKER

Con mucha dedicación, y un poco de suerte, dejará muchos de estos golpes muy cerca de bandera.

4 △ Debe proponerse golpear la arena que hay debajo de la bola. Asegúrese de que la muñeca izquierda permanece sólida como una roca a lo largo del impacto, y no tema golpear con dureza.

5 △ Como extraerá mucha arena, deberá pasar el palo hacia delante para que la bola pueda superar el talud frontal del *bunker*.

6 △ La bola saldrá baja, por ello es imposible generar *backspin* y consecuentemente rodará mucho desde un *lie* hundido.

• El golpe desde un *bunker* de calle, donde tiene que cubrir una distancia larga, es diferente a cualquier otro golpe desde la arena. En muchos aspectos es como jugar un golpe desde la calle, pero hay que hacer hincapié en la necesidad de golpear la bola limpiamente. Tiene que evitar que salga arena entre la cara del palo y la bola.

EL BUNKER DE CALLE
MAXIMIZAR LA DISTANCIA

1 △ La prioridad principal es superar el talud frontal del *bunker*. Una vez seleccionado el palo correcto para ello, decida si puede alcanzar o no el objetivo. Si no puede, entonces no intente coger un palo más largo: simplemente propóngase dejar la bola lejos pero en la calle. Con el palo elegido en la mano, coja el *grip* de 2 a 4 cm más corto. Esto ayuda a realizar el contacto perfecto tan deseado, además de tener la ventaja añadida de acortar el *swing* y de aumentar su control.

2 △ Con la bola colocada en el centro del *stance*, propóngase hacer tres cuartos de *swing* controlado con un *stance* sólido.

3 △ Si sus pies están bien afianzados en la arena, apaciguará de forma natural la acción de piernas, y le ayudará a realizar un *swing* ordenado y compacto.

EL JUEGO DESDE EL BUNKER

4 ◁ Si ha escogido el palo con cordura y ha ejecutado el golpe de manera controlada, sacará la bola limpiamente con la mínima cantidad de arena en el impacto.

5 △ Ahora se encuentra de nuevo en juego, habiendo superado un *bunker* sin haber afectado su resultado.

• Como en todas las cosas en golf, un buen juego desde el *bunker* se logra a través del conocimiento de las técnicas correctas, y del propósito de practicar lo que se aprende. Aquí encontrará algunas ideas sobre las que trabajar cuando practique su juego desde la arena.

PRACTICAR EN LA ARENA

2 ◁ Ahora juegue cada golpe. Golpee con la cabeza del palo la arena que hay sobre la primera línea, e imagínese la cabeza del palo saliendo por el punto exacto donde dibujó la segunda línea. Esto ayuda a eliminar la tendencia a excavar con demasiada profundidad, y le obliga a hacer el *swing* a través de la arena y por debajo de la bola.

ENTRE LÍNEAS

1 △ Este ejercicio le ayudará a visualizar el contacto correcto que debe realizar en la arena. Alinee tres o cuatro bolas y dibuje dos líneas a cada lado: a 5 cm por delante de las bolas, y a la misma distancia por detrás de ellas.

3 ◁ Incluso podría probar esta acción sin bola, simplemente para acostumbrarse a sentir el estallido que produce la cabeza del palo a través de la arena. Una vez familiarizado con esa sensación, dé golpes reales, y simplemente deje que la bola se interponga en el camino de su *swing*.

EL JUEGO DESDE EL BUNKER

EL GOLPE EXPLOSIVO EN SUBIDA

1 △ El factor clave cuando se juega desde cualquier pendiente es configurar su colocación inicial de tal forma que pueda hacer un *swing* lo más normal posible. En la arena, se aplica el mismo principio. Afiance sus pies en la arena de la pendiente lo más arriba y cómodamente posible, con el peso apoyado sobre la rodilla derecha. Los hombros deberían tener el mismo ángulo que el de la pendiente, con la bola frente a la parte interna del talón izquierdo.

2 ▷ Ahora, concéntrese en un punto situado 5 cm detrás de la bola, e intente hacer explosión con la cabeza del palo en el punto exacto. Mantenga el peso sobre el lado derecho, y asegúrese de que la cabeza del palo se mueve siguiendo la pendiente, a través de la arena y saliendo por el otro lado.

3 △ No se incline hacia abajo: lo único que conseguiría sería empotrar la cabeza del palo tan profundamente en la arena que la bola apenas se movería del sitio. La combinación de una pendiente en subida, una colocación alterada y un tipo de *swing* hace que la bola salte hacia arriba, y se pare casi inmediatamente después de aterrizar. Por tanto, no se preocupe por la idea de sobrepasar el objetivo. Intente aterrizar la bola sobre la cima de la bandera, así evitará dejar la bola muy corta.

ERROR COMÚN

Un gran error que cometen muchos golfistas es asumir que se requiere fuerza bruta para sacar la bola de la arena. Intentan sacar la bola con un gran puñado de arena, con resultados lamentables. Este enfoque acaba en un desastre total.

NO EXCAVAR MUY PROFUNDO

1 ◁ Al carecer de una técnica correcta, intentará golpear la bola con demasiada fuerza, lo que causará que se caiga hacia atrás, sobre su pie derecho. Desde aquí, puede o bien dar un golpe "ligero" a la bola, o dar un golpe "pesado" al atrapar demasiada arena.

2 ▷ El resultado final es generalmente el mismo, sin importar el contacto que realice. La bola permanece en la arena, malgastando un golpe, aumentando así la sensación de rabia y frustración. Generalmente, se desarrolla un círculo vicioso, lo que le llevará a golpear la bola aún más fuerte en el siguiente intento.

REMEDIO CLÁSICO

Si el *lie* es bueno, no hay necesidad de emplear ninguna táctica muscular para salir de un *bunker*. Intente visualizar una trayectoria de la cabeza del palo en forma de U a lo largo del impacto. Compruebe si le ayuda.

PENSAR EN LA FORMA DE UNA "U"

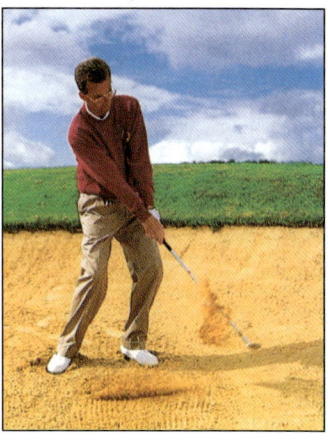

1 △ Suba el palo, y como en el *swing* clásico desde la arena, quiebre las muñecas para colocar el palo en un plano de *backswing* ligeramente más vertical.

2 △ Desde aquí, inicie la bajada agudizando el ángulo de la varilla, lo que hace que el palo se mueva hacia una posición ligeramente más horizontal.

3 △ Ahora, puede hacer que la cabeza del palo atraviese la arena con un ángulo de ataque más plano, con lo que se logra un contacto más consistente.

4 △ Ya no excavará con profundidad en el *bunker*. Ahora, la cabeza del palo entra y sale de la arena haciendo explosión, lo que produce un efecto de almohadilla, sacando la bola con una trayectoria alta, logrando un aterrizaje suave.

CAPÍTULO 9

DAR GOLPES CON EFECTO

Aprender a dar diferentes golpes con efecto es definitivamente una cuestión de técnica avanzada. Pero no se trata de una ciencia infusa. Seve Ballesteros es el maestro de los golpes elaborados –si existe un hueco entre los árboles, puede estar seguro de que lo encontrará–, pero todos los buenos jugadores tienen la habilidad de dar golpes con efecto a voluntad.

Existen dos factores importantes que dictaminan el vuelo de la bola: la alineación de la cara del palo en el impacto, y la trayectoria del *swing* a lo largo del mismo. La clave del buen golf es dominar esos factores correctamente. Las técnicas que se muestran en este capítulo le ayudarán a entender y a emplear estos factores de la mejor forma, y le proporcionarán una ayuda muy valiosa para escapar de los problemas, o mejorar su estrategia. Este conocimiento, además de ayudarle a elaborar golpes intencionados, le permitirá reconocer sus fallos simplemente mirando el vuelo de la bola cuando se curva en el aire.

• Un golpe con *draw* (también conocido como *hook*) es aquel en el que se imparte a la bola el efecto necesario para lograr que se curve hacia la izquierda una vez en el aire. Aquí le mostramos una situación ideal para dar un golpe con *draw*. Con agua a la izquierda de la calle, puede apuntar hacia la derecha y dejar que la bola se curve y vuelva hacia el centro. Incluso si el *draw* no se materializa, lo peor que puede pasar es que acabe en el ligero *rough* de la derecha.

EL GOLPE DE DRAW

1 △ Apunte con la cara del palo hacia el objetivo, luego alinee los pies, las caderas y los hombros ligeramente hacia la derecha del mismo. Para hacer más *draw*, apunte más a la derecha. Observe que el efecto hace que la bola ruede mucho más de lo normal; por tanto, tenga presente esto a la hora de seleccionar el palo y el área de aterrizaje.

2 ▷ Debe "endurecer" el *grip* de la mano izquierda un poco más, por ejemplo quebrándola ligeramente en el sentido de las agujas del reloj, de tal forma que se puedan ver dos o tres nudillos desde el frente en vez de los dos habituales.

DAR GOLPES CON EFECTO

3 ▷ En el *backswing*, concéntrese en efectuar un buen giro, realizando una acción redonda en vez de subir recta.

4 ◁ Al final del *backswing*, la varilla del palo debería apuntar hacia la derecha del objetivo. Lo lejos que apunte dependerá de la cantidad de efecto que quiera darle a la bola.

5 ▷ En la bajada, ataque la bola por dentro de la línea, cruzando la línea del objetivo de izquierda a derecha. La cara del palo no está cerrada al objetivo, le apunta directamente, pero en relación a su *stance* y a la trayectoria del *swing* está cerrada. Esto imparte el efecto necesario a la bola para hacerla mover de derecha a izquierda en el aire. Despegará hacia la derecha de la línea del objetivo, y gradualmente se curvará hacia la izquierda.

103

● El *fade*, o *slice* en su forma más extrema, es lo contrario al *draw* o al *hook*. Por tanto, tiene que realizar las acciones exactamente contrarias para hacer que la bola gire al revés. Aquí, un árbol bloquea el camino directo hacia el hoyo, y está demasiado cerca para jugar por encima de él. Un *fade* bajo y cortado es la mejor opción.

UN FADE POR BAJO

1 △ Apunte con la cara del palo hacia el objetivo, pero esta vez alinee las caderas, los pies y los hombros hacia la izquierda de la línea. Esto le permite hacer un *swing* ligeramente de fuera a dentro, lo que ayuda a impartir el efecto lateral necesario.

2 ▷ Coja el *grip* unos cuatro centímetros más corto, y afloje la sujeción de la mano izquierda girándola ligeramente en el sentido de las agujas del reloj. Esto hace que la cara del palo no se cierre hacia la izquierda en el impacto.

DAR GOLPES CON EFECTO

3 △ Ahora, suba siguiendo la línea de los pies el primer medio metro de la subida. Intente hacer el *swing* un poco más vertical de lo normal.

4 △ Al final del *backswing*, la varilla del palo debería apuntar hacia la izquierda del objetivo. Puede pedirle a un amigo que compruebe esto por usted, o practicarlo en casa delante de un espejo.

5 △ En la bajada, la cabeza del palo se acerca a la bola por fuera de la línea del objetivo. De nuevo, la geometría hace el trabajo duro por usted. A lo largo del impacto, intente sentir que la parte posterior de la mano izquierda apunta hacia el objetivo un poco más de tiempo de lo normal. De este modo, mantiene el ángulo de la cara del palo necesario para impartir el efecto lateral a la bola.

6 △ Observe cómo el *followthrough* queda un poco "retenido". Para este tipo de golpes, esa es una señal muy positiva. Los ángulos que crea en la colocación inicial hacen que la cabeza del palo atraviese ligeramente la línea, o pase de fuera a dentro a lo largo del impacto. Y como la cara del palo está abierta en relación a la trayectoria del *swing*, automáticamente imparte el efecto lateral necesario para producir un golpe que sale hacia la izquierda, y luego se curva hacia la derecha en el aire.

• Aquí, el mismo árbol bloquea el camino hacia el hoyo. Si no desea realizar un exagerado golpe de izquierda a derecha, siempre hay otra opción: jugar recto por encima del mismo. ¿Arriesgado? No, realmente no, siempre y cuando tenga pleno conocimiento de la técnica necesaria.

EL GOLPE POR ALTO

1 △ Tal y como acabamos de mostrar, darle a la bola con diferentes efectos es un juego de contrarios. Cuando necesite elevar la bola, debería pensar simplemente en adoptar la técnica opuesta a aquella que se requiere para dar un golpe por bajo.

2 ◁ Si fuera a chutar una pelota de fútbol para enviarla lo más alta posible, se inclinaría hacia atrás, ¿verdad? Aquí tiene que hacer algo similar. Coloque el peso más sobre el lado derecho que sobre el izquierdo; una relación de 60/40 es perfecta. La bola debería estar seis o siete centímetros más adelantada en el *stance*. Esto ayuda a situar la parte superior del cuerpo detrás de la bola, y automáticamente coloca las manos sobre la cabeza del palo, lo que genera un poco más de *loft* que en un golpe convencional.

3 ▷ Suba el palo ligeramente más vertical de lo normal para lograr el ángulo de ataque vertical necesario en la bajada.

4 ◁ Sobre todo, intente permanecer detrás de la bola el máximo tiempo a lo largo del área de impacto.

5 ▷ Mantenga la cabeza por detrás del punto de impacto hasta que la inercia de los brazos y de la cabeza del palo le hagan pasar.

6 ◁ Luego, lo único que debe hacer es un *finish* alto, perfectamente equilibrado, y mirar cómo la bola sobrevuela la copa del árbol.

• Este golpe es potencialmente su mejor arma cuando sopla un viento fuerte. Si tiene la habilidad de mantener la bola baja cuando sopla viento, jugará con ventaja sobre cualquiera que no pueda. Y además, se encontrará en muchas ocasiones con ramas colgantes que le obligarán a jugar la bola por bajo. Por ello, aprenda cómo hacerlo.

JUGAR POR BAJO PARA COMBATIR EL VIENTO

1 △ Lo último que se necesita con viento en contra es desde luego *loft*. Por tanto, coja un palo ligeramente más largo de lo habitual y colóquese con la bola retrasada en el *stance*, unos seis u ocho centímetros más cerca de la punta del pie derecho de lo normal. Luego adelante las manos a la cabeza del palo de tal forma que su brazo izquierdo y la varilla formen una línea recta hacia la bola. Con un viento muy fuerte también debería experimentar con un *stance* más amplio de lo normal para ayudarle a mantener el equilibrio. Cuando uno se coloca con la bola retrasada en el *stance*, un error muy común es apuntar con la cara del palo hacia la derecha; por tanto, asegúrese de que sigue apuntando al objetivo.

2 △ Un antiguo dicho golfístico dice: "Con brisa en contra, hay que hacer el *swing* fácil." Lo único que debe evitar a toda costa es intentar golpear la bola con dureza, porque generaría más *backspin* y eso inmediatamente causa que la bola vuele alta. Con viento en contra, eso es desastroso. Por tanto, haga un esfuerzo para hacer un *swing* aún más suave de lo normal. Al coger el palo más corto, puede hacer tres cuartos de *swing* con más facilidad. El *swing* es una acción controlada de brazos y hombros con un quiebro de muñecas mínimo.

DAR GOLPES CON EFECTO

3 △ Mantenga el peso en el centro y sobre la bola mientras inicia la bajada.

4 △ Cuando se aproxime al impacto, intente mantener la cabeza del palo cerca del suelo, y manténgalo así después del mismo. Esto evitará que haga el *swing* demasiado vertical, que, de nuevo, es uno de los factores que crean altura.

5 ◁ El *follow-through* no tiene que sobrepasar los tres cuartos, lo que demuestra que está haciendo un *swing* más fácil. Esta es una forma inteligente de jugar con viento.

Con brisa en contra, hay que hacer el *swing* fácil.

LIES EN PENDIENTE

EL LIE EN SUBIDA
Primero, observe el *lie* en subida. A continuación, debería percatarse de que la subida hará que la bola vuele mucho más alta de lo normal; por tanto, coja un palo más largo del que emplearía en un *lie* plano a la misma distancia. Además, tendrá tendencia a empujar el golpe hacia la izquierda, por tanto tenga presente esto cuando apunte.

La clave para dar un buen golpe desde un *lie* en subida o en bajada es alterar la colocación inicial de tal forma que pueda hacer el *swing* lo más normal posible. Aquí demostramos esta teoría.

2 ◁ Transferir el peso en el *backswing* no debería ser un problema –la pendiente le ayudará con este cometido–; por tanto, asegúrese de que en la cima del *backswing* su peso es soportado por la rodilla derecha flexionada.

3 △ En la bajada, concéntrese sólo en mover la cabeza del palo siguiendo el contorno de la pendiente a lo largo del impacto hasta un *finish* equilibrado.

1 △ Colóquese con la bola adelantada en el *stance*, e intente nivelar los hombros con la pendiente de la calle. Verá que la cabeza está ahora detrás de la bola, y que deberá esforzarse para mantener esa relación al menos hasta el impacto. Ahora su *stance* es lo más normal posible: ha compuesto su colocación en torno a la pendiente.

DAR GOLPES CON EFECTO

EL LIE EN BAJADA

Desde un *lie* en bajada, necesita emplear un palo más corto de lo normal para lograr más *loft* sobre el golpe. De nuevo, la clave es componer su *stance* alrededor de la pendiente.

2 ▷ El pensamiento clave en el *backswing* debería consistir en hacer un buen giro. La inclinación mantendrá el peso más centrado sobre la bola. Sólo tiene que asegurarse de que el peso no se quede en el lado de la pendiente.

1 △ Con la bola retrasada en el *stance*, nivele los hombros con la pendiente tanto como le resulte posible. Además, mantenga el peso ligeramente sobre el lado izquierdo; una proporción de 60/40 es la ideal.

3 ◁ En la bajada, debe resistirse a ayudar a la bola a elevarse; eso llevaría a dar un golpe mediocre. Acepte el hecho de que la bola volará más baja de lo normal, y procure pasar la cabeza del palo lo más lejos posible, casi como si quisiera atrapar la bola después de que inicie el vuelo.

● Una vez asimiladas las técnicas requeridas para dar golpes con efecto, la clave es cultivar esa habilidad hasta tal punto que se sienta lo suficientemente confiado para dar esos golpes durante una vuelta real.

DIVERSIFICAR LA PRÁCTICA

La próxima vez que esté en el campo de prácticas, escoja un palo intermedio y dé golpes variados. Dé un *fade* con una bola, y un *draw* con la siguiente. Luego, un golpe por alto seguido de un golpe por bajo.

Varíe los golpes, sin variar el área del objetivo. Tiene que aprender a llegar de A a B de todas las formas posibles. Nunca se sabe cuándo un inmenso árbol le puede forzar a tomar una ruta poco convencional. Esto también le ayuda a despreocuparse de la posición de la cabeza del palo a lo largo de todo el *swing*, y eso es muy bueno para su juego.

Los *lies* en pendiente afectan al vuelo de la bola; por ello, es importante que también practique desde esas situaciones.

Varíe los golpes, pero no el área del objetivo.

DAR GOLPES CON EFECTO

1 △ Con la bola más baja que sus pies, se ve forzado a doblarse un poco de caderas sobre la misma.

2 △ Esto altera el ángulo de la columna, y conduce a un plano de *swing* más vertical, lo cual provoca que el golpe salga con *fade* hacia la derecha.

3 △ Contrariamente, cuando la bola está más alta que los pies es necesario colocarse un poco más vertical.

4 △ Esto conlleva realizar un plano de *swing* más redondo, lo que hace que le dé con *draw* a la bola. Si aprende a dominar estas desviaciones, estará mejor equipado para dominar los *lies* en pendiente en el campo.

CAPÍTULO 10

SEIS PECADOS CAPITALES DEL GOLF

Es verdad que el jugador que generalmente gana es aquel que comete muy pocos errores. Nunca ha existido mejor ejemplo de ello que la primera victoria de Nick Faldo en el Abierto Británico de 1987 en Muirfield. En la última vuelta, hizo 18 pares consecutivos; ningún *birdie*, y más significativo aún, ningún *bogey*. Mientras tanto, sus adversarios más cercanos a él se desmoronaban.

Pero no se gana simplemente con hacer el menor número posible de errores; también hay que evitar los fallos realmente serios, esos golpes fulminantes que causan dobles y triples *bogeys*, la ruina de los *handicaps* medios y altos. El *slice*, el *shank*, el topazo... unos golpes que todos conocemos. La clave para erradicar estos golpes es saber cómo suceden. Para ello, en este capítulo explicamos los seis pecados capitales del golf, y su solución.

PECADO CAPITAL
EL SLICE PERSISTENTE

Este, sin lugar a dudas, es el enemigo público número uno del golf. El *slice*, el golpe que hace que la bola se curve gravemente de izquierda a derecha, es un golpe irritante, que se complica aún más cuando el golfista carece de la habilidad necesaria para hacer algo al respecto. Se produce por la combinación de una trayectoria de *swing* de fuera a dentro y una cara del palo abierta. El grado de *slice* viene dictado por estos dos factores.

SOLUCIÓN UN ATAQUE POR DENTRO

Si se acuerda de los dos factores que causan el *slice*, una trayectoria de *swing* de fuera a dentro y una cara del palo abierta, es fácil identificar la solución apropiada. Debe bajar el palo por dentro –o para ser más precisos, pasar el palo de dentro a encarado y luego hacia dentro– con la cara del palo encarada en el impacto. Realmente simple. Pero todos sabemos que poner la teoría en práctica no es tan fácil. Compruebe si este ejercicio puede aportarle un cambio afortunado.

1 △ Coja el *driver* o la madera 3 y colóquese a la bola, pero esta vez retrase el pie derecho respecto al izquierdo.

2 △ Esta colocación inicial cambia radicalmente la forma de su *swing*. Para empezar, fomenta un arranque y un giro mejor al inicio de la subida.

SEIS PECADOS CAPITALES DEL GOLF

1 △ Aquí podemos ver una típica acción de *slice*. Incluso desde la cima del *backswing*, el golpe está destinado a fracasar tan pronto como los hombros y los brazos saquen la cabeza del palo por fuera de la línea.

2 △ Desde ahí, la cabeza del palo atraviesa la línea con una trayectoria de fuera a dentro, haciendo que la bola salga hacia la izquierda y se desvíe erróneamente en el aire. Una acción de manos mediocre y una cara del palo abierta empeoran las cosas.

3 △ Le ayuda a evitar que la parte superior del cuerpo impulse la cabeza del palo por fuera de la línea desde la cima. En vez de eso, los brazos bajan el palo por dentro de la línea de la bola con el objetivo.

4 △ Manos y brazos trabajan con más eficiencia, bajando la cara del palo hacia la bola, y a lo largo del impacto por la línea correcta. Sus golpes ya no salen hacia la izquierda y luego se curvan hacia la derecha. Salen hacia la derecha y con *draw*, un nuevo fenómeno. Integre este ejercicio en su práctica rutinaria para con todos los golpes. Se asombrará del efecto a largo plazo sobre su *swing* y de la calidad de los golpes.

CÓMO JUGAR MEJOR A GOLF

2 PECADO CAPITAL
MUCHOS DRIVES ALTOS

Un *drive* alto –cuando la cabeza del palo baja muy vertical, golpeando la parte inferior de la bola y enviándola prácticamente recta hacia el cielo– puede ser causado por varios errores. Contrariamente a la creencia popular, no es necesariamente el resultado de haber clavado el *tee* demasiado alto, aunque eso es algo que debería comprobar siempre.

SOLUCIÓN UN SWING MÁS PLANO

El *driver*, más que cualquier otro palo de la bolsa, debe ser movido de tal forma que golpee la bola con un barrido. Por tanto, para eliminar el golpe hacia el cielo, y golpear la bola sólidamente, tiene que bajar más por dentro.

1 △ Intente este ejercicio. Colóquese a la bola como lo haría normalmente, y luego separe la cabeza del palo de 30 a 40 cm del suelo.

2 △ Ahora, intente subir el palo siguiendo un plano más redondo. Concéntrese en sincronizar su *swing* de brazos con el giro de la parte superior del cuerpo.

SEIS PECADOS CAPITALES DEL GOLF

1 ◁ Es muy probable que su postura sea mediocre, impidiendo el giro, obligándole a subir y bajar la cabeza del palo con demasiada verticalidad.

2 ◁ A veces, la causa radica en intentar golpear la bola con demasiada dureza desde la cima. Cualquiera que fuera la causa, el producto final no es demasiado agradable.

3 ▽ Desenrosque la parte superior del cuerpo y mueva los brazos a lo largo de un plano redondo, hasta llegar al *finish*.

4 △ Repítalo varias veces, hacia atrás y hacia delante, para familiarizarse con la sensación que produce un *swing* más plano. Cuando se sienta cómodo con este movimiento, dé golpes reales. Si es perseverante, el ataque de la bajada debería volverse más plano, y sus golpes empezarán a salir hacia delante con más asiduidad que hacia el cielo.

3 PECADO CAPITAL
ACOSADO POR UN VIOLENTO HOOK

Un *hook* es lo contrario a un *slice*. Y aunque no se trate de un error tan común, no es menos destructivo y difícil de eliminar. Se produce básicamente porque la cabeza del palo se aproxima a la bola por dentro de la línea del objetivo. Y combinado con una cara del palo cerrada hace que la bola salga hacia la derecha y luego se curve gravemente hacia la izquierda.

SOLUCIÓN RECONDUCIR EL SWING

¿Recuerda cómo nos colocamos para solucionar el *slice*? Pues bien, para solucionar el *hook* haremos el ejercicio contrario, torciéndonos ligeramente hacia la izquierda.

1 ◁ Colóquese a la bola como siempre, pero esta vez retrase el pie izquierdo de tal forma que la punta quede a la altura del talón derecho. Cuando haga esto, es importante que mantenga la línea de los hombros paralela al objetivo. Observe minuciosamente el *grip*. Asegúrese de que sitúa las manos en una posición neutral en la colocación inicial. Recuerde la comprobación rápida del capítulo cuatro: la V que forman el pulgar y el índice de cada mano debería apuntar hacia su ojo derecho.

2 ▷ Observe el efecto que esta posición tiene sobre su *swing*. La cabeza del palo sube más en línea.

SEIS PECADOS CAPITALES DEL GOLF

1 ◁ Es aquí donde empiezan los problemas. Observe cómo sube el palo por dentro con la cara del mismo "cerrada" –en otras palabras, mirando hacia el suelo–. Los hombros dominan en exceso y casi no existe el movimiento de brazos necesario. Cuando se llega a esta posición tan pronto, es casi imposible corregir la situación. Lo normal es que o bien compense exageradamente expulsando la cabeza del palo por fuera de la línea desde la cima, o como en este caso, continúe el *swing* sobre una severa trayectoria de dentro a fuera. Esto último, unido a una cara del palo cerrada, es lo que genera el *hook*.

3 △ Su *swing* de brazos está más sincronizado con la rotación del cuerpo, lo que conlleva una posición mejor en la cima del *backswing*.

4 △ En vez de golpear la bola desde dentro de la línea, que es lo que causa el *hook*, empezará a realizar un ataque más directo.

5 △ Retrasar el pie izquierdo le obliga a despejar su lado izquierdo en la bajada y a lo largo del impacto, otro factor que ayuda a eliminar ese *hook* tan dañino.

PECADO CAPITAL
GOLPES DE CHIP ENDEBLES

Aquí tenemos un golpe embarazoso. Se encuentra justo a borde de *green* a poca distancia de la bandera, sin ningún tipo de dificultad... pero da un endeble *chip* de un metro. Además de ser embarazoso, también es muy costoso y profundamente frustrante. Por tanto, ¿cómo es posible arruinar un golpe relativamente fácil?, y ¿cómo puede evitar que suceda de nuevo?

SOLUCIÓN BRAZOS Y HOMBROS

Primero, y antes incluso de pasar a hablar de la técnica, acuérdese de lo siguiente: deje siempre que el *loft* del palo haga el trabajo por usted.

1 △ Ahora, hablemos del golpe. Aquí la colocación también es importante: manos adelantadas, peso hacia delante y bola retrasada.

2 △ Una vez colocado de esta forma, concéntrese en hacer un *swing* de brazos y hombros, dejando que el cuerpo gire acorde con el movimiento de sus brazos.

3 △ Asegúrese de que las muñecas se quiebran muy ligeramente en la subida.

SEIS PECADOS CAPITALES DEL GOLF

1 ◁ Lo que generalmente ocurre es que quiebra las muñecas con demasiada agudeza en el *backswing*, creando así un ángulo de ataque demasiado vertical.

2 ▷ Lo que puede ocurrir ahora es un "salto de rana" con el que la bola apenas se mueve, o un topazo, con el que rueda por el suelo a una velocidad tres veces mayor de la requerida.

4 ◁ Retenga el ángulo de la muñeca derecha en todo momento, mueva los brazos y gire el cuerpo al unísono en la bajada y a lo largo del impacto.

5 △ A lo largo de la bajada, las manos deberían estar adelantadas respecto a la cabeza del palo, lo que crea el ángulo de ataque descendente tan crucial para un buen *chip*. Por eso es tan importante dejar que el *loft* del palo haga el trabajo por usted. Usted golpea hacia abajo para crear altura; no se necesita un esfuerzo consciente o una manipulación para elevar la bola.

CÓMO JUGAR MEJOR A GOLF

PECADO CAPITAL
EL GIRO INVERTIDO

Este defecto puede provocar una total ausencia de potencia en el *swing*. El giro invertido ocurre cuando el cambio de peso se realiza en sentido contrario al que debería llevar durante el *swing*.

SOLUCIÓN TRANSFERIR EL PESO

Para enviar la bola lo más lejos posible, debe aprender a transferir el peso correctamente. Intente el siguiente ejercicio.

1 △ Colóquese a la bola, con los pies casi juntos.

2 △ Suba el palo de la forma habitual, y no tema al ligero movimiento lateral hacia la derecha: es mucho mejor que el giro invertido.

3 △ La clave del ejercicio es impulsar la acción de la bajada dando un paso con el pie izquierdo hacia el objetivo.

1 ◁ Cuando las manos y los brazos alejan el palo de la bola, el peso se transfiere hacia el pie izquierdo.

2 ▷ Por consiguiente, la transferencia del peso se aleja del objetivo, hacia el pie derecho en la bajada. Nada bueno puede suceder, con total seguridad. Aunque esta demostración es un ejemplo exagerado, lo que queremos decir es que el giro invertido más insignificante obstaculiza la posibilidad de golpear la bola. Si esto le resulta familiar, entonces es hora de hacer que su peso se mueva en la dirección correcta.

4 △ Dé un paso agresivo hacia la izquierda y notará que el peso de todo su cuerpo se transfiere hacia el pie de delante a lo largo del área de impacto.

5 △ Mire la diferencia que esto produce en el *follow-through*: perfectamente equilibrado con el peso soportado por el pie izquierdo. También observe la diferencia en sus golpes. Disfrutará con ello.

6 PECADO CAPITAL
¿DEMASIADOS GREENS A TRES PUTTS?

Las historias sobre las desgracias de los golfistas giran a menudo en torno al número de *putts* cortos fallados. Tristemente, esto encubre la causa real de los tres *putts*: la incapacidad para dejar los *putts* largos lo suficientemente cerca del hoyo. Ninguna faceta de su juego es tan vulnerable a la presión impuesta por uno mismo como su juego corto. Y cuando el problema empieza, tarda mucho tiempo en solucionarse.

SOLUCIÓN DOMINAR SU DISTANCIA

Si puede aprender a desarrollar un tacto mejor para una cierta distancia, su porcentaje de tres *putts* disminuirá considerablemente. Sin embargo, no hay un remedio instantáneo. Tiene que pasar un tiempo en el *putting-green* para practicar los ejercicios que exponemos aquí.

1 ▷ Para mejorar el cálculo de la distancia, vaya a un lado del *putting-green* y dé *putts* hacia el lado opuesto. Intente dejar cada bola lo más cerca posible del borde sin llegar a tocarlo. Esto le obliga a concentrarse solamente en la fuerza sin tener que preocuparse demasiado de la dirección.

2 ▷ Ahora un ejemplo de una buena forma de concluir su sesión de prácticas. Jugar *putts* hacia objetivos aleatorios es un ejercicio excelente porque simula una situación real. Deje caer una docena de bolas en un punto, y juegue cada *putt* hacia un objetivo diferente: el primero a 5 metros, el segundo a 10 metros, y el tercero a 15 metros. Los *tees* son objetivos ideales que pueden moverse alrededor del *green* como se quiera. Repita esto cuatro veces hasta que haya jugado doce *putts* hacia tres objetivos diferentes. Varíe siempre que pueda la distancia y la caída de cada putt. Esto mejora su habilidad para analizar un *putt* y producir el golpe necesario, lo cual le da la confianza y la habilidad para lograr lo mismo cuando lo necesite realmente, en una competición.

SEIS PECADOS CAPITALES DEL GOLF

1 ◁ Como probablemente habrá experimentado, cada vez que le quede un *putt* de entre 80 y 120 cm la presión por embocarlo aumenta. Finalmente, empieza a fallarlos, y luego su confianza se ve resentida. El *putt* se convierte en una bola de nieve, y termina fallando incluso más *putts*.

CAPÍTULO 11

LA PRÁCTICA HACE AL MAESTRO

Gary Player, uno de los únicos cuatro golfistas que han ganado todos los grandes del golf, dijo una vez: "Cuanto más practico, más suerte tengo." Este gran hombre fue, y sigue siendo, uno de los trabajadores más diligentes que jamás ha conocido el juego. Los beneficios son evidentes.

Que la suerte está directamente relacionada con el nivel de práctica es muy discutible. Sin embargo, una cosa es cierta. Una práctica constructiva e inteligente es la única forma segura con la que se logra mejorar su juego a largo plazo. Practicar no consiste sólo en tirar miles de bolas en el campo de prácticas. Si quiere rozar la perfección, debe practicar de forma inteligente. Por ello los ejercicios inteligentes son muy valiosos. Además de acelerar el proceso de aprendizaje, suavizan la sensación de molestia que muchos golfistas asocian con la práctica.

- La repetición es la clave de este ejercicio. Su propósito es que se familiarice con la ocupación de embocar *putts* de corta distancia para que el trabajo sea lo más rutinario posible. Obviamente, siempre hay más presión en el campo, pero al menos este ejercicio le ayudará a estar preparado para esa presión. Practique siempre el *putt* con el mismo tipo de bola que usa en el campo. Con ello se acostumbrará al toque de una bola en particular, lo que resulta crucial para ser capaz de juzgar de forma consistente la distancia de sus *putts*.

SOMETERSE A UNA PRUEBA DE BOMBA
EL GOLPE DE PUTT

1 △ Coloque las bolas que quiera de forma radial, empezando a 30 cm del hoyo hasta una distancia no superior a los 2 metros. Ahora propóngase embocar todas la bolas seguidas, bien alejándose del hoyo y siguiendo la línea, o embocando las cuatro bolas más cercanas, seguidas de las segundas más cercanas, y así sucesivamente. Cualquiera que sea el método elegido, mantenga un modelo constante.

Por hacer algo un poco diferente –pero extremadamente efectivo– practique el *putt* con el *sandwedge*.

1 △ Mantenga el *wedge* ligeramente en alto, con la cabeza del palo a la altura del ecuador de la bola.

2 △ Ahora, concéntrese en golpear la bola en subida. Esa es la clave: golpear la bola justo en su ecuador para lograr una rodadura suave.

3 △ Si la bola salta en el impacto, ha dado un mal golpe. Cuando su confianza crezca, realice el mismo golpe empleando el *putter*.

2 △ Si falla uno, sin importar en qué momento del ejercicio, vuelva a empezar. Sea estricto consigo mismo. Este ejercicio pierde toda su finalidad si no se castiga cuando falla. Créame, cuando se acerque al final de este ejercicio sin haber fallado ni una, empezará a saber qué es sentir presión. Y cuanto mejor sepa tratar esta sensación, menos *putts* fallará en una vuelta de competición.

- En los *putts* largos, la cabeza del *putter* sube de forma natural por dentro de la línea, pero en los *putts* cortos la historia es diferente. Idealmente, la cabeza del *putter* debería subir y bajar encarada: subir recta y pasar recta, con la cara del *putter* encarada a la línea del objetivo en todo momento. El siguiente ejercicio está diseñado para realizar un golpe de *putt* encarado.

DESARROLLAR UN GOLPE DE PUTT ENCARADO

1 △ Identifique un *putt* recto y coloque dos tablones de madera en el suelo de modo que formen un canal hacia el hoyo. Ahora coloque una bola en medio de estos dos bloques y alinee la cara del *putter* hacia el hoyo. Debería haber un espacio de separación de un centímetro a ambos lados del *putter*.

2 △ Ahora, dé varios *putts* asegurándose de que ni el talón ni la punta del *putter* tocan los tablones de madera; simplemente suba recto y pase el palo recto.

3 △ Si alinea la cara del *putter* correctamente, no puede fallar. No hace falta que emplee dos tablones de madera; las varillas de dos palos de golf son igualmente eficaces, al igual que un par de banderas. Si puede pasar un par de horas a la semana practicando este ejercicio, se quedará asombrado de lo que cambiará su potencial a la hora de embocar *putts*.

Si alinea la cara del *putter* correctamente, no puede fallar.

LA PRÁCTICA HACE AL MAESTRO

2 △ Cuando dé el *putt*, asegúrese de que la varilla permanece firmemente contra su pecho.

Y aquí tenemos otro buen ejercicio de *putt* para que lo ponga en práctica en casa delante de un espejo.

1 △ Sostenga la varilla de un palo por debajo de los brazos, y a través del pecho, y colóquese ante la bola como lo hace normalmente.

3 △ Esto le ayuda a mantener la formación triangular de los hombros y los brazos, esencial para un golpe de *putt* sólido y repetitivo.

133

- Hemos hecho hincapié varias veces en el importante papel que juega la parte superior del cuerpo. Es la sala de máquinas de su *swing*, por así decirlo. Por tanto, asegúrese de que siempre funciona a la máxima capacidad. Aquí le mostramos un ejercicio que le ayudará a apreciar la sensación de una rotación correcta del cuerpo. También ayuda a soltarse antes de salir a jugar.

EJERCITAR UNA MEJOR ROTACIÓN DEL CUERPO

1 △ Sujete un palo por los dos extremos y coloque la varilla sobre los hombros y por detrás de la cabeza.

2 △ No adopte una postura vaga; intente asumir una postura lo más perfecta posible. Esto hace que la parte superior del cuerpo se comporte como debería hacerlo en el propio *swing*.

3 △ Ahora, simplemente gire la parte superior del cuerpo de tal forma que la varilla del palo apunte al suelo frente a usted. Mantenga las rodillas flexionadas, y trate de notar que la parte superior del cuerpo está rotando contra la resistencia de la parte baja. Este proceso, llamado "efecto de torsión", es la forma más eficaz de almacenar potencia en el *backswing*.

4 △ Complete el ejercicio girando el cuerpo hacia la izquierda, a lo largo del área de impacto, y hasta la posición del *finish*. Gire los hombros manteniendo un plano relativamente nivelado, en vez de bajarlos y mecerlos. Repita muchas veces este movimiento, por ejemplo, cada 10 golpes durante una sesión de prácticas, y acostúmbrese a la sensación que produce la rotación de la parte superior del cuerpo.

> Gire los hombros manteniendo un plano relativamente nivelado.

- Todos los jugadores buenos con el *chip* son muy agudos a la hora de juzgar la altura y la rodadura alrededor de *green*. Ese talento se obtiene sabiendo qué palo es el apropiado para ciertas situaciones... además de proponerse practicar ese arte. También es importante que desarrolle su propio repertorio de golpes alrededor del *green*.

APRENDER LA TRAYECTORIA DE LA ALTURA Y LA RODADURA

1 △ Busque un *green* con la bandera muy al fondo, con mucho espacio para trabajar. Deje caer un cubo de bolas, y alinee los palos desde el hierro 7 hasta el *sandwedge*. Realice un *chip* con un palo distinto cada vez, hacia el mismo hoyo. Registre los datos primordiales de cada golpe: altura y trayectoria, dónde aterriza la bola, el grado de efecto impartido y lo lejos que rueda. Familiarícese con estos datos hasta memorizarlos.

La próxima vez que se enfrente a un golpe a borde de *green*, ponga en funcionamiento su archivo de datos del *chip*. Primero, identifique el área de aterrizaje ideal, preferiblemente sobre el *green*, para asegurar un primer bote favorable. Luego, retenga el área de aterrizaje elegido, visualizando la rodadura necesaria para que la bola se deslice hacia el hoyo. Por último, seleccione el palo apropiado. Ahora, proceda y ejecute el golpe, tal y como se lo ha imaginado. Se sorprenderá de la frecuencia con la que su visualización se convierte en realidad.

- El impacto no es el fin del *swing*, sino algo que se interpone en el *swing*. Existen varias formas eficaces para mejorar la posición en el impacto y consecuentemente la calidad de su toque de bola. Uno de esos métodos lo hizo famoso el gran Henry Cotton, tres veces ganador del Abierto. Aconsejaba hacer el *swing* contra la parte interna de una vieja rueda de coche. No es realmente necesario usar una rueda vieja, aunque probablemente es el utensilio más apropiado para este cometido. Una bolsa pesada de arena, o una "bolsa para impactos" como se muestra aquí, y que se vende en algunas tiendas especializadas, es igualmente eficaz. Sea cual sea el contrafuerte que emplee, este ejercicio es tiempo bien invertido.

CONSTRUIR UN SWING MEJOR

2 ▷ Ahora, realice el *swing* y golpee tan fuerte como quiera. Como no hay una bola involucrada, no tiene que actuar orientado hacia ella, lo que conlleva una libertad de movimiento, y un movimiento de la cabeza del palo más libre. Además, refuerza las muñecas y fomenta el concepto de golpear contra un lado izquierdo firme. Esto hace que transfiera el peso hacia el pie izquierdo en la bajada. Todos estos factores permiten golpear mejor la bola.

1 △ Colóquese como lo haría para un golpe normal, y sustituya la bola por una bolsa para impactos.

LA PRÁCTICA HACE AL MAESTRO

El siguiente ejercicio es muy eficaz para construir su *swing* y mejorar su equilibrio.

1 △ Coja dos palos de longitud similar –lo ideal son dos hierros medios–; sujételos con el *grip* de béisbol, y colóquese en una buena postura.

2 △ Ahora, suba y baje con los dos palos simultáneamente, muy despacio y con suavidad.

3 ▷ Concéntrese en hacer un buen giro de subida, en pasar el palo con libertad por el área de impacto, y en un *finish* equilibrado. Luego, permanezca así durante unos pocos segundos. Si puede lograr un equilibrio perfecto con dos palos, no debería tener problemas a la hora de hacer el *swing* con uno solo. Además de ser un buen ejercicio para construir un gran *swing*, es también un método para soltarse en el primer *tee*, que ayuda a que los músculos se acoplen a la tarea de dar un golpe.

• El golf, parafraseando un término futbolístico, es un juego de dos lados. Por tanto, es vital que entrene el lado derecho y el izquierdo de su cuerpo para que se comporten correctamente durante el *swing*. Existen varias formas de hacerlo.

EJERCICIOS CON UNA SOLA MANO

1 △ Sujete con una mano el cuello de la cabeza de cualquier palo.

2 △ Cuando desplace la parte final del mango hacia atrás, realice un buen giro con la parte superior del cuerpo, y sienta el brazo derecho suspendido como en el *backswing*.

3 △ Luego, pase el palo a través del "área de impacto". Deje que el cuerpo responda al movimiento de los brazos, y escuche el silbido del palo cuando sacude el aire.

4 ◁ Este ejercicio aumenta la sensación de estiramiento del brazo derecho en la bajada, o restablece el arco, como se dice en términos golfísticos. Además favorece un pase del palo correcto a lo largo del área de impacto, esencial para dar buenos golpes. Cuando se familiarice con esta sensación, aumente el nivel del ejercicio, y dé medios golpes sólo con la mano derecha. Asegúrese de colocar la bola sobre un *tee*, y de coger el palo muy corto, hacia la base del mango, donde generalmente suele apoyarse la mano derecha.

Ahora, un ejercicio que refuerza la potencia de su lado izquierdo.

1 △ Coja el hierro 7, pero sujételo sólo con la mano izquierda, mientras adopta una buena postura. Meta la mano derecha en el bolsillo para que no interfiera.

2 △ Haga tres cuartos de *swing* varias veces, procurando mantener un compás suave y sin precipitaciones.

3 △ Sienta el peso de la cabeza del palo al final de la varilla, y acelere suavemente a lo largo del impacto. Si su *grip* es bueno, en el *swing* se desarrollarán de forma natural una rotación de antebrazos y un quiebro de muñecas correctos.

4 ▷ Note el énfasis que ponemos en la palabra "suavemente" a lo largo de este ejercicio. Si intenta dar estos golpes con demasiada fuerza, el cuerpo se moverá excesivamente en el *swing*, y eso anula el objeto de este ejercicio. Incluso peor, puede que se haga daño. Por tanto, empiece lentamente, y si fuera necesario comience dando medios golpes. Alternativamente, emplee un *tee* clavado en el suelo hasta que sienta que la fuerza de su brazo izquierdo es la suficiente para empezar a golpear la bola.

CAPÍTULO 12

ESTRATEGIA INTELIGENTE PARA RESULTADOS MÁS BAJOS

Una estrategia inteligente es el elemento oculto de un buen golf. No se manifiesta de forma espectacular, como un potente y largo *drive*; no hace girar cabezas, ni causa anhelos, como cuando se emboca un gran *putt* de 10 metros. Pero una buena estrategia, o la forma de desenvolverse en el campo, es tan importante como el resto de lo que hace durante los 18 hoyos.

Tom Watson está reconocido como uno de los grandes pensadores del juego. Su extraordinario récord en los grandes torneos se basa en gran parte en su inmenso poder mental y su estrategia a la hora de dar los golpes. Por tanto, si quiere lograr el mejor resultado posible tendrá que emplear una estrategia más inteligente cada vez que salga desde un *tee*, independientemente de la forma física que tenga ese día.

• El primer paso para mejorar su estrategia en el campo es conocer de forma precisa lo que pega con cada palo de la bolsa. Es cierto que usted no golpea la bola con la misma consistencia que Nick Faldo, por ejemplo, pero eso no debería impedirle determinar la distancia media que alcanza con cada palo. Esto le permite al menos realizar valoraciones positivas en el campo, en vez de tener que acudir al juego de las adivinanzas y a los antojos de la suerte.

CONOCER SUS DISTANCIAS

Vaya al campo de prácticas con su bolsa de palos al completo y con un cubo de bolas. Ahora, realice el siguiente ejercicio. Comience con el palo que más feliz le haga y golpee 20 bolas. Una vez hecho esto, descarte las cinco más largas y las cinco más cortas. Luego cuente los pasos a los que han llegado el resto de bolas para determinar la distancia media a la que llega con ese palo en particular.

Escriba esa información en un bloc de notas y repita el ejercicio con los demás palos de su bolsa.

Lleva su tiempo, pero este ejercicio tiene un gran valor. Incluso si juega en el mismo campo semana sí, semana no, conocer lo que pega con cada palo le da la confianza necesaria para hacer el *swing* con libertad. Y eso significa golpes de hierro más precisos.

ESTRATEGIA INTELIGENTE PARA RESULTADOS MÁS BAJOS

● Ha hecho todos sus ejercicios de calentamiento y ha dado algunas bolas de práctica. Ahora llega el momento de la verdad: el primer *tee* de salida. Todo el mundo se pone nervioso de alguna forma en el primer *tee* de salida. El profesional siente nervios en el Masters... y probablemente usted los siente en el campeonato anual del club. No hay nada malo en ello, simplemente es una manifestación de que está alerta y preparado para salir. Aquí encontrará algunas reglas que debería seguir para ayudar a calmar esas mariposas que tiene en el estómago.

LIBERARSE PARA UN BUEN COMIENZO

1 △ Coja el palo con el que se sienta seguro de dar un golpe con solidez y precisión. No se sienta obligado a sacar el *driver*, ni cuando se enfrente a un hoyo largo. Emplee una madera con más *loft*, o incluso un hierro largo si se siente más seguro con él. La distancia realmente no es tan importante. Mantener la bola en juego –en la hierba corta– es la prioridad número uno.

2 ▷ Respire profundamente varias veces antes de dar el golpe de salida. No hay nada mejor para ayudarle a calmarse. Agite las manos un poco, como si estuviera sacudiéndose agua, para liberar tensión.

3 △ Cuando esté preparado, propóngase coger el *grip* con suavidad, pero con seguridad. Su siguiente pensamiento debería ser "ritmo". La tendencia natural ante una situación de nervios es hacer las cosas con rapidez. Por tanto, piense en el ritmo, y simplemente haga un *swing* suave hasta acabar equilibrado. Un buen golpe de salida en el primer *tee* es toda una inyección de moral; por tanto, haga lo posible para darlo bien.

• La mayoría de los amateurs prestan muy poca atención al lugar donde deberían clavar la bola en el *tee*. Y es una oportunidad malgastada. A la hora de clavar la bola en el *tee*, hay que tener en cuenta muchas cosas, y si puede aprender cómo utilizar cada centímetro permitido dentro del área de salida, la vida le resultará mucho más fácil.

COLOCARSE INTELIGENTEMENTE EN EL TEE

1 ◁ Por ejemplo, al igual que la mayoría de los amateurs, su tendencia natural es golpear la bola de izquierda a derecha... un *fade* en un buen día, o un *slice* en uno malo. En su caso, debería colocar la bola en el extremo derecho del *tee* de salida, y apuntar hacia el lado izquierdo de la calle. Observe la diferencia que produce el tamaño del área del objetivo. Está apuntando a la parte más voluminosa de la calle; lo que es particularmente significativo cuando existe un peligro, como un grupo de *bunkers* en el lado derecho.

Si hace *fade* con la bola, como había planeado, su bola acabará en medio de la calle. Perfecto. Si da un golpe recto, acabará en el lado izquierdo de la calle, o peor, en el ligero *rough*. Si el *fade* se transforma en un *slice*, entonces sigue teniendo una posibilidad de acabar en la calle, o quizá en el ligero *rough* de la derecha. El área de su objetivo ha aumentado enormemente.

2 ◁ Por otro lado, si coloca la bola en el lado izquierdo del *tee* de salida, tendrá una perspectiva muy diferente. De repente, los *bunkers* entran más en juego: es muy difícil apuntar alejándose de ellos, sin apuntar fuera de la calle.

De la misma forma, si el vuelo natural de su golpe es un *draw* o un *hook*, entonces debería colocar la bola a la izquierda del *tee*, y apuntar al lado derecho de la calle.

ESTRATEGIA INTELIGENTE PARA RESULTADOS MÁS BAJOS

1 ◁ La misma regla es aplicable en este par 3, donde hay que jugar completamente por encima del agua hacia un *green* muy protegido. Sin lugar a dudas, un hoyo difícil. Pero si coloca la bola en el lado izquierdo del *tee*, se volverá aún más complicado. Aunque apunte al centro del *green*, el margen de error sigue siendo pequeño. Y si va a por la bandera, tendrá mucha más agua que superar. Y eso es lo último que necesita.

2 ◁ Sin embargo, observe lo que ocurre cuando coloca la bola sobre el lado derecho. Desde allí, puede apuntar más fácilmente hacia el centro del *green*, lo que aumenta su margen de error a ambos lados. Incluso tiene una entrada mejor hacia la bandera, que está situada cerca del borde derecho del fondo. Como probablemente sabrá de sobras, en los hoyos tan intimidatorios como este, cualquier referencia, por pequeña que sea, ayuda.

Izquierda: Si quiere jugar desde el extremo izquierdo del *tee*, las reglas le permiten colocar los pies fuera de las marcas de salida, siempre y cuando la bola se encuente dentro de ellas.

Arriba: Vale la pena recordar la regla que le permite colocar la bola dentro de la distancia de dos palos hacia atrás, medida desde las marcas de salida. Si duda sobre el palo a jugar en un par 3, con sólo retroceder un poco, puede obtener un enfoque totalmente distinto, lo que le ayudará a realizar un *swing* más firme.

• Si analiza el campo donde juega más a menudo, sabrá que hay al menos dos o tres hoyos en los que no puede llegar de dos a *green*. Y si juega en un campo largo, probablemente el número de hoyos en los que necesita tres golpes para llegar a *green* está cerca de la media docena.

PREPARAR UNA ESTRATEGIA

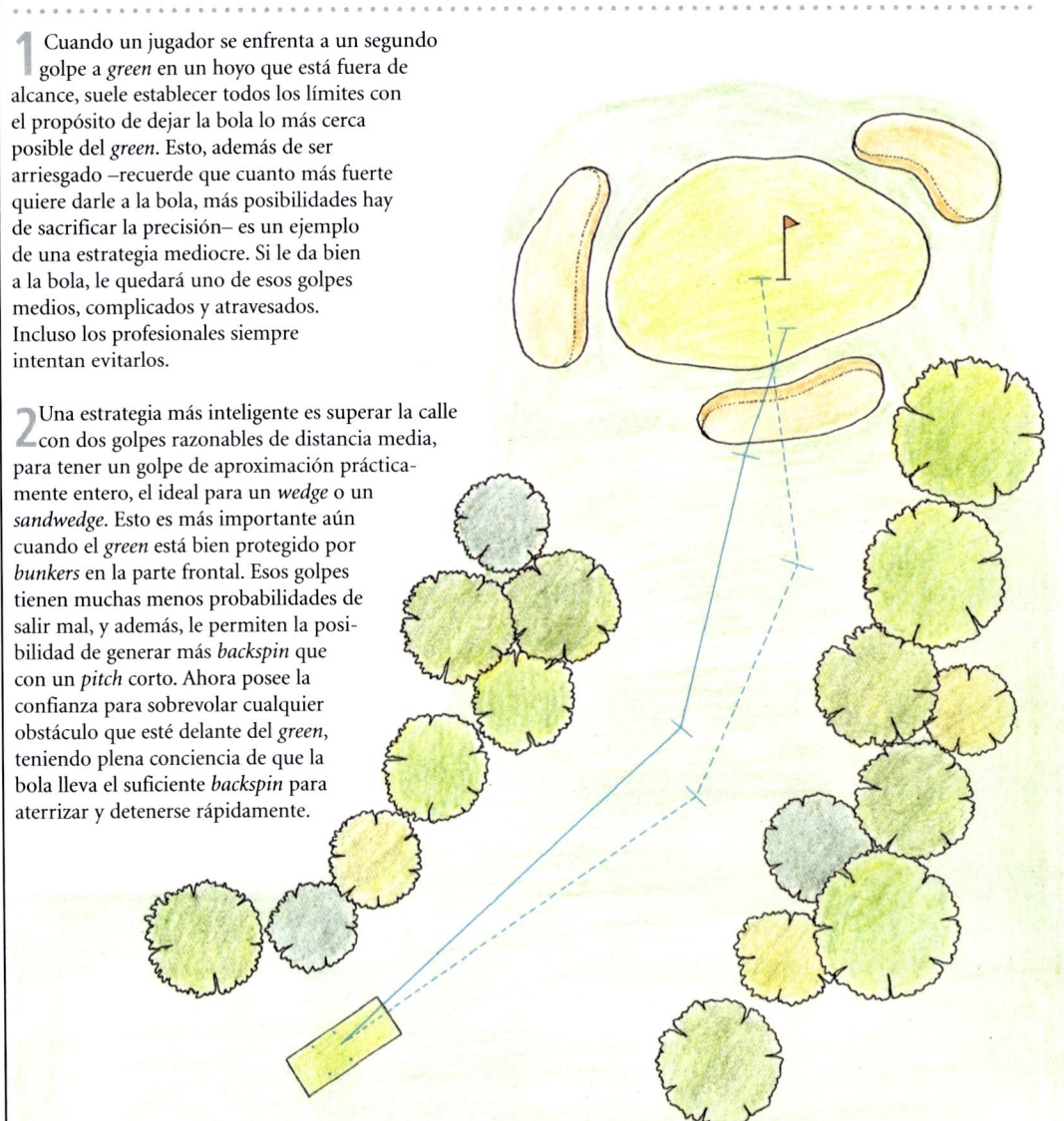

1 Cuando un jugador se enfrenta a un segundo golpe a *green* en un hoyo que está fuera de alcance, suele establecer todos los límites con el propósito de dejar la bola lo más cerca posible del *green*. Esto, además de ser arriesgado –recuerde que cuanto más fuerte quiere darle a la bola, más posibilidades hay de sacrificar la precisión– es un ejemplo de una estrategia mediocre. Si le da bien a la bola, le quedará uno de esos golpes medios, complicados y atravesados. Incluso los profesionales siempre intentan evitarlos.

2 Una estrategia más inteligente es superar la calle con dos golpes razonables de distancia media, para tener un golpe de aproximación prácticamente entero, el ideal para un *wedge* o un *sandwedge*. Esto es más importante aún cuando el *green* está bien protegido por *bunkers* en la parte frontal. Esos golpes tienen muchas menos probabilidades de salir mal, y además, le permiten la posibilidad de generar más *backspin* que con un *pitch* corto. Ahora posee la confianza para sobrevolar cualquier obstáculo que esté delante del *green*, teniendo plena conciencia de que la bola lleva el suficiente *backspin* para aterrizar y detenerse rápidamente.

• Siempre es tentador ir a por la bandera, olvidándonos de la longitud y la dificultad del golpe, pero esa no es siempre la estrategia más inteligente. Muchos *greens* están diseñados con más obstáculos en un lado que en otro. Y en ocasiones, la parte frontal o la del fondo es relativamente la más segura.

UN BUEN JUEGO DE APROXIMACIÓN

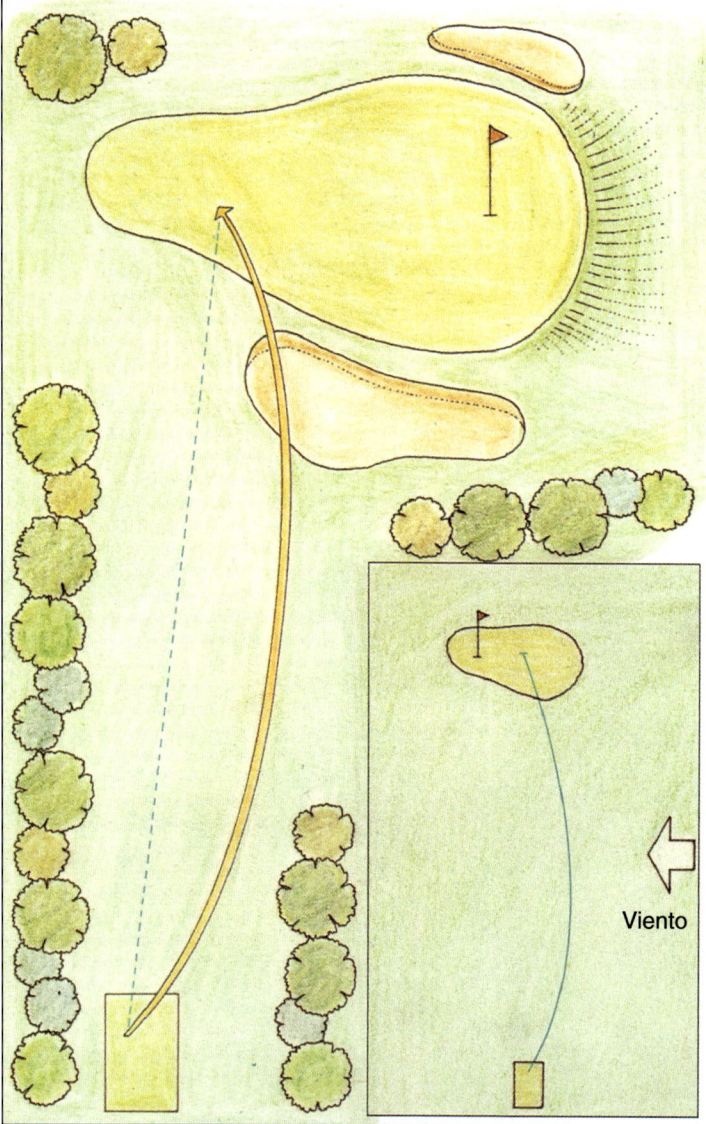

◁ Al configurar un plan de juego, debe identificar el lado seguro de cada hoyo del campo; en otras palabras, el mejor sitio para fallar el *green*. Siempre hay un punto desde donde resulta difícil hacer *approach* y *putt*. Siempre suele haber profundos *bunkers* o profundas riberas. Sea cual sea el peligro, ese es el lugar donde no debe acabar. Incluso si la bandera está en ese lado del *green*, no debería ir a por ella. No vale la pena arriesgarse. En esta situación, juegue a *green*, pero sea inteligente y juegue hacia el lado seguro. Esta estrategia es conocida como "manejar sus fallos". Incluso si el golpe no sale acorde con lo planeado, debería esquivar el desastre y tener la oportunidad de acabar el hoyo con un *chip* y un solo *putt*.

USE EL VIENTO, NO LO COMBATA

Jugar aprovechándose del viento –por ejemplo, dar un *fade* con una brisa de derecha a izquierda– demuestra habilidad para dar golpes con efecto, pero se trata de un golpe difícil. Siempre que sea posible, haga del viento un amigo, no un enemigo. Es mucho más fácil gobernar la bola con el viento a favor. Por tanto, con una brisa de derecha a izquierda, apunte a la derecha del objetivo, haga un *swing* normal, y deje que los elementos alineen la bola. Con un viento de izquierda a derecha, apunte a la izquierda y deje que la bola se enderece en el aire. Sin embargo, tenga presente que cuando la bola vuela con viento a favor llega más lejos, y generalmente rueda más cuando aterriza. Téngalo siempre presente al seleccionar el palo.

CAPÍTULO 13

LAS REGLAS DE GOLF QUE DEBERÍA SABER

El golf es realmente el único deporte donde uno es su propio juez. A nivel profesional, siempre hay árbitros cerca, por si la situación lo requiere. Pero a nivel de club la historia es diferente. Cuando juega su *medal* mensual, por ejemplo, no hay un árbitro presente para resolver; es su deber conocer las reglas. En este capítulo, tratamos de clarificarle algunos de los posibles puntos conflictivos relacionados con las reglas más habituales durante una vuelta de 18 hoyos. No se trata de una guía definitiva de las reglas de golf, pero al menos le dará un enfoque apropiado, y le ayudará a apreciar que las reglas no están sólo para castigarle. Pueden ahorrarle golpes, y es por eso por lo que vale la pena conocerlas.

• Al principio de este libro hablamos sobre el lugar de salida, un área rectangular delimitada en su parte frontal por dos marcas, y con una profundidad de dos palos. Además recuerde que puede colocar los pies fuera de las marcas de salida, siempre y cuando la bola esté dentro de esos límites. Pero, ¿qué sucede si da el golpe de salida con la bola colocada en un lugar equivocado?

EN EL TEE DE SALIDA

LAS REGLAS DE GOLF QUE DEBERÍA SABER

JUGAR DESDE UN TEE EQUIVOCADO

Los campos suelen tener cuatro *tees* de salida en cada hoyo. El más distante es el de profesionales y de caballeros para campeonatos oficiales; el intermedio es también para caballeros, para entrenar y para competiciones de fin de semana; el siguiente es de señoras para campeonatos oficiales, y el más cercano es también para señoras, para competiciones de fin de semana. Si sale desde un *tee* equivocado, o fuera de las barras de salida, la penalización varía según la modalidad de juego de la competición. En *matchplay*, donde cada hoyo vale un punto, su oponente decide si debe dar de nuevo el golpe de salida sin penalización. Si ejercita o no ese derecho dependerá de la calidad del golpe y del terreno donde repose.

En *strokeplay*, donde cada golpe cuenta en su resultado final, es otra historia. Tiene una penalización de dos golpes, y debe repetir el golpe, dando el tercero desde el *tee*. Si sale desde un *tee* equivocado y no corrige el error antes de salir desde el siguiente *tee*, está descalificado.

BOLA QUE SE CAE DEL TEE

Si su bola se cae del *tee* a mitad del *swing*, o cuando está colocado para iniciar la subida, no hay penalización. Simplemente repóngala sobre el *tee* y empiece de nuevo.

JUGAR FUERA DE TURNO

En *matchplay*, si da el golpe de salida cuando le toca a su contrario, él decide si usted debe o no repetir el golpe. En *strokeplay*, el golpe cuenta y no hay penalización, pero si quiere mantener la amistad con los compañeros no haga de esto un hábito.

Si sale por delante de las marcas de salida, en *matchplay*, su oponente puede pedirle que repita el golpe de nuevo; mientras que en *strokeplay* se incurre en la penalización de dos golpes y hay que repetirlo dentro de los límites del *tee*.

Si su bola se cae del *tee* a mitad del *swing* o en la colocación inicial, sólo debe reponerla y empezar de nuevo sin penalización.

Puede colocar la bola en el *tee* entre dos palos medidos desde las marcas.

Asegúrese de que efectúa el *tee* desde el sitio correcto

- Una obstrucción es un objeto artificial, y puede ser movible o inamovible. Los objetos naturales que pueden ser retirados con facilidad son conocidos como impedimentos, pero los objetos como árboles o setos son parte integrante del campo, y debe jugar la bola como está, o bien droparla con penalización.

CÓMO ACTUAR CON LAS OBSTRUCCIONES

Las obstrucciones artificiales movibles pueden ser retiradas del camino.

OBSTRUCCIONES MOVIBLES

Ejemplos de obstrucciones movibles son cosas como un rastrillo, un paquete de cigarrillos o una lata vacía. Si un objeto como estos interfiere en su juego, puede quitarlo, incluso si su bola está en un obstáculo. Si la bola se mueve en este proceso, simplemente repóngala en su posición original sin penalización.

OBSTRUCCIONES INAMOVIBLES

Una obstrucción inamovible es cualquier objeto artificial que no puede ser retirado con facilidad. Ejemplos: todos los caminos o superficies artificiales, un tractor del campo (¡si no está el *greenkeeper* cerca para moverlo!), un poste eléctrico. Para aliviarse de un objeto como éstos, la obstrucción debe interferir con su *stance* o con su *swing*. En este caso, tiene derecho a dropar sin penalización. Observe que en un *green* también puede aliviarse de una obstrucción inamovible si está en su línea de juego.

Puede aliviarse de una obstrucción inamovible si interfiere con su *stance* o con el *swing*.

IMPEDIMENTOS SUELTOS

Son objetos naturales como piedras, leña menuda, hojas, desechos de animales, etc. Si el impedimento suelto está fijo o sólidamente empotrado, o en un obstáculo, no podrá ser retirado. Por tanto, los montoncitos de tierra hechos por una lombriz pueden ser retirados, pero no si están fijos o en crecimiento. Si un insecto está posado en su bola, o revoloteando alrededor de la misma, puede espantarlo. La piel de un plátano o de cualquier otra fruta está clasificada como un impedimento suelto y puede ser retirada. Una chuleta es un impedimento suelto cuando está suelta, pero no cuando está repuesta. Puede quitar una piedra empotrada en el suelo siempre que sea fácil de quitar. La tierra suelta en la calle no se puede quitar, pero sí cuando reposa en *green*. Lo mismo pasa con la arena desalojada de un *bunker*. La escarcha o el rocío no son impedimentos sueltos. El hielo manufacturado es una obstrucción. Un árbol caído es un impedimento suelto y puede ser retirado, si no está unido al suelo por las raíces. Y las reglas permiten que los compañeros de juego retiren los impedimentos sueltos que a usted le molesten con su consentimiento.

LAS REGLAS DE GOLF QUE DEBERÍA SABER

DROPAR SIN PENALIZACIÓN

1 ◁ Cuando un objeto artificial inamovible, como una boca de riego o una valla protectora, interfiere con su *stance* o su *swing*, puede dropar sin penalización, al igual que si su bola reposa en un área marcada como terreno en reparación, o en agua accidental.

2 ◁ El procedimiento es muy simple. Primero marque la posición de la bola. Luego localice el punto más cercano en el recorrido que le proporcione el máximo alivio, es decir, el punto donde ya no le moleste la obstrucción. Clave otro *tee* en ese punto exacto. Mida un palo de largo sin acercarse al hoyo desde ese punto, y vuelva a clavar otro *tee*. Estos dos *tees* representan los límites de su zona de dropaje final.

3 ◁ Ahora, colóquese erguido, extienda el brazo a la altura del hombro y deje caer la bola, de tal forma que toque por primera vez el suelo que hay dentro de estos dos *tees*. La bola no podrá acercarse al hoyo y no podrá rodar más de dos palos de longitud medidos desde el punto donde la bola tocó por primera vez el suelo. Ahora puede jugar desde esta posición sin ninguna penalización.

● Una serie de consideraciones entran en juego cuando se aproxima al *green*. El *chip* y el *putt* son una tarea lo suficientemente difícil como para añadir a sus problemas golpes de penalización. Por ello, es importante que aprenda lo que puede y lo que no puede hacer en el *green*.

EN EL GREEN

LA BANDERA
Muchos golfistas dudan si se puede tener o no la bandera atendida cuando la bola está dentro o fuera del *green*, y lo que ocurre si la bola toca la bandera. Tiene el derecho a tener la bandera atendida o quitada, antes de jugar el golpe, independientemente de que su bola esté o no en el *green*. Pocos jugadores saben que si está jugando un golpe de *chip* hacia un *green* muy elevado, puede pedirle a alguien que sujete la bandera en alto para mostrarle la posición del hoyo. Esta debe ser mantenida en alto y directamente sobre el hoyo.

LA LÍNEA DE SU PUTT
Puede reparar los piques que haya en su línea de juego antes de jugar el *putt*, pero no puede reparar las marcas de los clavos. Sin embargo, puede (y debería) reparar todos los daños después de haber acabado el hoyo. También puede barrer o quitar impedimentos sueltos, como hojas, tierra y arena, pero sólo con la mano o con el palo. No utilice otros utensilios, como una toalla o una gorra. Por último, no deje que su *caddie* ni su compañero de juego toquen la superficie del *green* al indicarle la línea de *putt*. Eso está penalizado. Sin embargo, puede indicarles que se la señalen sin tocarla.

Si juega un *chip* hacia un *green* en alto, puede pedir que le sujeten en alto la bandera, directamente sobre el hoyo.

LAS REGLAS DE GOLF QUE DEBERÍA SABER

MARCAR LA BOLA

1 ◁ Si necesita quitar su bola de la línea de otro jugador, las reglas para los amateurs permiten que marque la bola con cualquier cosa. Lo más apropiado es una moneda o marcabolas. Y aunque las reglas le permitan colocar el marcador a un lado de la bola, e incluso por delante de la misma, es más fácil ponerla justo detrás.

2 △ Sin embargo, en los días de lluvia, tenga cuidado de no aplastar el marcador con el *putter*, ya que podría pegarse fácilmente a la base del palo. Y aunque no hay penalidad si eso ocurre –simplemente localice el punto donde usted cree que la bola reposaba, y reponga el marcador–, puede resultar una experiencia embarazosa.

• Dentro de los obstáculos naturales se hallan los *bunkers*, los obstáculos de agua, los árboles y matorrales. Las reglas le permiten jugar en ellos, excepto si la bola está injugable. Recuerde que usted es el único juez que decide si su bola está o no injugable, y aceptar una penalización si se diera lo primero.

TRATAR CON LOS OBSTÁCULOS

OBSTÁCULO DE AGUA
Un obstáculo de agua está marcado con estacas amarillas. Tiene tres opciones cuando su bola está en ese obstáculo. En primer lugar, puede jugar la bola desde donde reposa. Cerciórese de no apoyar el palo, ya que eso está penalizado. En segundo lugar, puede identificar el punto por donde entró la bola al obstáculo por última vez, caminar hacia atrás manteniendo una línea entre ese punto y el hoyo, y dropar la bola en esa línea con un golpe de penalización. Y por último, tiene la opción de regresar al lugar donde dio el último golpe, y dropar una bola también con un golpe de penalización.

OBSTÁCULO DE AGUA LATERAL
El obstáculo de agua lateral es un caso particular; está marcado con estacas rojas. En esta situación, además de disponer de las tres opciones anteriores, tiene dos opciones más. Puede escoger entre dropar con penalización dentro de la distancia de dos palos del punto por el cual la bola cruzó por última vez el margen del obstáculo de agua (sin acercarse al hoyo). Alternativamente, puede dropar una bola en el margen opuesto del obstáculo de agua, tomando como punto de referencia el punto equidistante al otro lado del mismo.

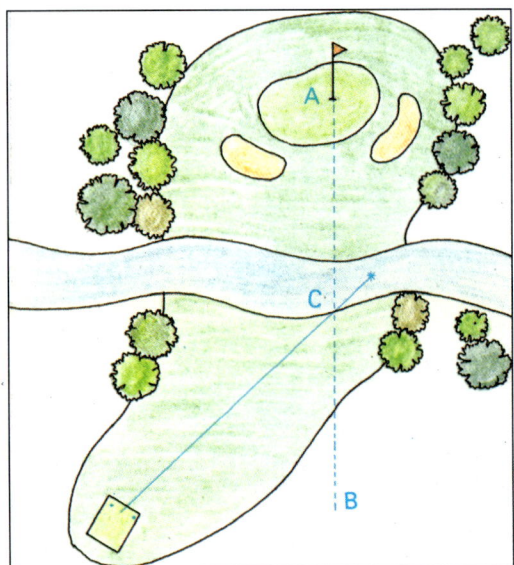

Si su bola reposa en un obstáculo de agua, puede jugarla como está, o bien con un golpe de penalización repetir el golpe desde donde jugó la última vez, o dropar de la siguiente forma: manteniendo la línea AB que pasa por el hoyo y por el punto C, que es el punto por el cual la bola cruzó el margen del obstáculo. Puede dropar en esta línea a cualquier distancia por detrás del punto C.

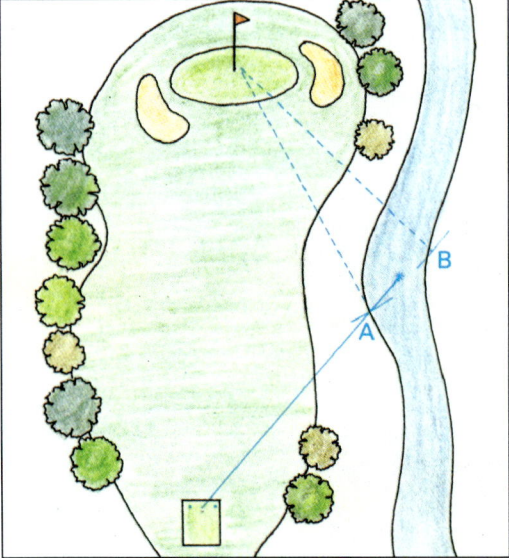

Si el obstáculo está definido como lateral, tiene además otras dos opciones. Puede efectuar un dropaje con penalización dentro de la distancia de dos palos a contar desde el punto por donde la bola cruzó el obstáculo (A) por última vez, sin acercarse al hoyo. Alternativamente, puede dropar dentro de la distancia de dos palos de un punto al otro lado del obstáculo (B), situado a la misma distancia del hoyo que el punto A.

LAS REGLAS DE GOLF QUE DEBERÍA SABER

EL BUNKER

1 △ El otro obstáculo natural es el *bunker*. Aquí, las reglas son simples y claras: no hay que tocar la arena con la cabeza del palo en la colocación. Por tanto, mantenga siempre la cabeza del palo a una distancia segura de la superficie. Así se asegurará de no tocar la arena, y también le proporcionará espacio al inicio del *backswing*, cuando aún puede ser penalizado por barrer la arena con la cabeza del palo.

2 ▷ El único instante en el que la cabeza del palo debería contactar con la arena es durante el impacto, cuando se espera que haga un golpe por encima del talud de forma elegante.

BOLA INJUGABLE

Si su bola está injugable, por ejemplo en los arbustos, estará obligado a dropar con penalización. Tiene tres opciones. En primer lugar, puede regresar al lugar donde dio el último golpe y dropar tan cerca como sea posible de ese punto. En segundo lugar, puede dropar la bola dentro de la distancia de dos palos de donde la bola reposa (observe que se mide desde donde reposa la bola, y no desde el punto de alivio más cercano). En tercer lugar, tiene la opción de dropar con penalización una bola todo lo atrás que quiera manteniendo la línea entre ese punto donde reposa la bola y el hoyo.

EN EL ROUGH

Si está colocado ante la bola, que se define como el momento en el que toma el *stance* y apoya el palo en el suelo, y ésta se mueve, incurre en un golpe de penalización (a no ser que esté el *tee*), debe reponerla a su posición original, y continuar con el juego. Por esta razón, cuando la bola está suspendida sobre hierba alta, o en otra situación en la que se puede mover fácilmente, es aconsejable no apoyar el palo. Si la bola se mueve no hay penalización. ¿Por qué? Porque no ha apoyado el palo en el suelo, y por tanto no se ha colocado a la bola. Ahora, puede jugar la bola en su posición.

ÍNDICE

A
Abierto Británico 115, 136
alineación
  del palo 81, 101
  paralela 44, 79
altura y rodadura 135
ansiedad 36
approach 147
áreas de salida 150

B
backspin 93, 108
backswing 80-81
bajada 82, 83
balata 16
Ballesteros, Seve 25, 101
bolas 15-16
bolsas de golf 16
bunker de calle 94-95

C
cabezas de grafito 13
cara de palo
  abierta 56, 90, 91, 116
  cerrada 102, 120
cavidad posterior, *ver* palo con
  el peso en la periferia
chip 50-63
  con el putt 54-55
  desarrollar el tacto 60-61
  desde suelo duro 58-59
  endeble 122, 123
  golpe básico 52-53
  por alto 56-57
códigos de vestimenta 16
compás del *swing* 84
compresión 16

controlar sus fallos 147
Cotton, Henry 136
Crenshaw, Ben 26, 84
cuidado con el cuerpo 20-21

D
datos sobre el *chip* 135
defectos
  acucharar la bola 62
  ángulos de las piernas y el
    cuerpo 48
  desacelerar durante el
    impacto 38
  excavar profundo 98
  grips débiles y fuertes 46
  levantar la vista demasiado
    pronto 36
draw 103, 117, 144
driver 12, 44, 85, 116, 118
drives altos 118-119
dropar
  con penalización 157
  sin penalización 153

E
efecto lateral 103, 104, 105
ejercicios prácticos
  ángulos del cuerpo 49
  bunkers 96-97
  chip 61
  conocer sus distancias 126-127
  distancia 142
  golpes con efecto 112
  lies en pendiente 113
  rotación del cuerpo 134
  putt, 37, 39, 130-131, 132,133
  transferencia del peso
    124, 125
Els, Ernie 89
escuchar 37
estrategia inteligente 140, 147
  colocar la bola en el *tee* de
    forma inteligente,
    144-145
  colocarse 146
  distancias 142
  golpe de aproximación 147
  un buen comienzo 143
etiqueta 18-25
  cuidado del campo 20-21
  cortesía 24-25
  green 22-23

F
fade 104-105, 116, 144
Faldo, Nick 115, 142
fundamentos 40-49
  colocarse para la acción
    44-45
  formación del *grip* perfecto
    42-43

G

giro 134
  del cuerpo 134
  invertido 124-125
golpe
  pesado 98
  por alto 106-107
  por bajo 108-109
golpes con efecto 100-114
  draw 102-103
  fade por bajo 104-105
  jugar por bajo 108-109
  lies en pendiente 110-111
  por alto 106-107
  práctica 112
grip 42-43, 46, 47
  corto 67, 70, 72, 94, 104, 108
  de béisbol 43
  débil 46, 104
  entrelazado 43
  fuerte 46, 102
  superpuesto 43
  superpuesto invertido 29

H

hierro 2 66
hierro 7 53, 61, 139
hierro 8 54
hierro 9 53, 54, 59, 69, 74, 84
Hogan, Ben 42
hook, ver *draw*

I

impedimentos 152

J

Jacobs, John 86
Jones, Bobby 89
juego desde el *bunker* 89-99
  bunker de calle 94-95
  golpe básico 90-91
  golpe en subida 97
  lie empotrado 92-93
  práctica 96-97
juego lento 25
jugar desde un *tee* equivocado 150

L

lado seguro 147
Langer, Bernhard 32
lie
  empotrado, ver *lie* hundido
  en bajada 111
  en pendiente 110-111, 113
  en subida 110
  hundido 92-93
  injugable 157
  pelado, ver suelo duro
loft 10, 63, 106, 111, 122-123

M

madera 3 116
madera 5 66
marca-bolas 155
marcar la bola 155
marcas
  de clavos 23, 154
  de salida 145
matchplay 150-151
material 9-17
máxima distancia 86
Montgomerie, Colin 51
Muirfield 115

O

obstáculos de agua 156-157
obstrucciones 152
Ogle, Brett 84
Olazábal, José María 65

P

palos 10-15
  características 10
  con cavidad posterior, *ver* palos con el peso en la periferia
  con el peso en la periferia 11, 12
  grafito 13
  hierros 10
  maderas 12
  mejorar el juego, *ver* palos con el peso en la periferia
  metálicos 12
  putter largo 34
  *putter*s 13-15
  varillas 13
pecados mortales 114-127
  chip endeble 122-123
  giro invertido 124, 125
  hook exagerado 120, 121
  slice 116, 117
  tres *putts* 126, 127
permanecer conectado en el *backswing* 68
piernas rígidas 48
pitch, 64-75
  agudizar el juego 66-67

desde un profundo *rough* 70-71
golpe básico 68-69
piques de bola 22, 154
pitching wedge 69, 92
plano del *swing* 85
Player, Gary 65, 66, 129
posición de la bola 44
postura 45, 49
práctica inteligente 128-137
  golpe de *putt* encarado 132
  putt a prueba de bala 130-131
  rotación del cuerpo 134
  swing mejor 136-137
presión 60-61, 130, 143
punto dulce 11
Purtzer, Tom 77
putt 26-39
  approach ortodoxo 28-29
  golpe anti *yip* 30-31
  grip de Langer 32-33
  putter largo 34
putters 54, 55
  largos 34

R
reglas 148-149
  en el *green* 154-155
  en el *tee* de salida 150-151
  obstáculos 156-157
  obstrucciones 152-153
reparar el *bunker* 20-21
resistentes al agua 17
rodillas flexionadas 48
rough profundo 70, 71, 157
rutina anterior al golpe 78-79

S
sandwedge 44, 53, 56, 58, 61, 69, 90, 92, 131, 146

separación de piernas 82
slice, ver *fade*
stance abierto 52, 56, 67, 90
strokeplay 150-151
subida en bloque 80
suelo duro 58-59
surlyn 16
swing de fuera a dentro 57, 104, 105, 116
swing entero 76-87
  backswing 80-81
  bajada 82-83
  distancia máxima 86
  plano y compás 84-85
  rutina anterior al golpe 78-79

T
tensión 79
topazo 59, 98
Torrance, Sam 34
transferencia del peso 124-125

V
varillas 13
V de victoria 47
viento 72, 108

W
Wadkins, Lanny 84
Watson, Tom 141
wedge 66, 75, 146
Woosnam, Ian 84

Y
yips 30, 32

Z
zapatos 17

AGRADECIMIENTOS

Los autores y editores quieren dar las gracias a las siguientes personas y organizaciones, cuya cooperación ha hecho posible la realización de este libro: al señor Nagahara y al London Golf Club, Kent, Inglaterra; a Leigh Copolo del London Golf Club; a Nicola Way del Nizels Golf Club, Kent; a Yonex y a Maxfli.

Notas

Notas

NOTAS

Notas

Notas

Notas

Notas

Notas